The Impact
of the Blockchain
Disruptive Technology
to Change the Global Economy

區塊鏈的衝擊

從比特幣、金融科技到物聯網
顛覆社會結構的破壞性創新技術

bitbank股份有限公司、《區塊鏈的衝擊》編輯委員會———著

張萍———譯

五南圖書出版公司印行

比特幣的未來
──何謂區塊鏈？

　　2016年3月4日，日本政府於內閣會議中決議了以比特幣（Bitcoin）為首的網際網路虛擬貨幣制度等法律修正案。各位應該要注意的是該修正案中使用了「虛擬貨幣」這個名稱，並且正式定義了虛擬貨幣的功能，該法案就是將目前號稱流通量最大的比特幣作為預設的對象。

　　所謂比特幣，係指一種虛擬貨幣，或指一種加密的數位貨幣，透過對等式網路（Peer-to-Peer，P2P，指不使用專用的中心伺服器，僅由各個電腦彼此連接交流訊息的網絡型態）、開放原始碼（無償免費公開程式的原始碼，並且同意原始碼可以被修正或是重新發布之型態或是概念）的數位結算支付系統，不需要透過銀行等中介業者，使用者彼此之間即可直接進行交易。附帶一提的是，比特幣的起源是一位署名中本聰（Satoshi Nakamoto）的人於2008年10月發表的一篇名為「Bitcoin: A Peer-to-Peer Electronic Cash System」的論文中所提出的原理，並於2009年開始被運用。

　　如果各位過去曾聽聞將公司總部設立於日本，並於2014年倒閉，當時全世界最大的比特幣交易所──Mt. Gox公司令人譁然的新聞報導，恐怕許多人會因此將罪名都加諸在虛擬貨幣身上吧！事實上，這個事件的本質其實只是使用者用來儲存比特幣的一個交易所破產而已，比特幣本身的架構並沒有問題。

比特幣草創時期的其中一名開發者——麥克・赫恩（Mike Hearn），曾於2016年初發出聲明：「比特幣形同失敗……即使短期內價格會上升，長期看來還是會下跌，今後本人將不會再進行任何比特幣相關的開發，也已將所擁有的比特幣全數出清。」

然而，另一方面，將總部設立於波士頓的技術顧問公司——安本資產管理（Aberdeen Asset Management）資深IT研究分析師——吉姆・拉波札（Jim Rapoza）卻表示比特幣的未來一片光明。他說：「首先最重要的是，在景氣倒退的過程中，對於這些已經在社會上富有流通經驗的新興貨幣，我們應當去除過度不安的刻板印象，才能確保這些技術的存在」。

雖然還有各式各樣的課題尚待解決，但是，時代確實不斷地在向前進步，應當特別注意的是，比特幣的核心技術——「區塊鏈」。例如：日商瑞穗實業銀行、富士通、富士通研究所等3間公司於2016年3月發表欲縮短證券交易結算支付時間，針對可以跨越國境進行證券交易之「跨境證券交易」方面，正在進行運用區塊鏈技術的實證實驗。

所謂區塊鏈，被表現為一種使用P2P技術進行管理之「分散式帳本」。目前許多的資訊系統皆由中央集權管理，並且是有資料庫存在的架構。相對於此，區塊鏈的技術瓦解了傳統的高價系統結構價值鏈，並且具有潛力打造出平行、快速、安全的P2P資訊交易模式。

當然，在目前所處的時代裡，仍有許多網際網路上的資料外洩問題需要被探討，因而有許多針對區塊鏈的安全性考量聲浪出現。然而，從技術性的觀點來看，區塊鏈上可以建置出將資料以「鏈」的方式連繫在一起的數位環境，並且藉由互相監控的架構，建構出

一個安全性強大的網絡。再加上，其特色是不會將資料放在單一地點進行統一管理，而是採用分散式管理，因此即便部分網絡有所損壞、導致該處資料完全滅失，也能夠從其他地方的資料進行復原。基於這些理由，因此使用區塊鏈就可以輕鬆建構出成本低廉且維護性較高的網絡。

試著想像一下未來的世界

　　或許在不久的未來，我們的生活將會變成以下這副模樣：當你購買了冰箱、汽車、住家、智慧型手機、穿戴式裝置等任何商品時，這些購得的商品都會被分配予一個序號，各個不同的商品內都內藏著可以透過無線網路通訊進行網路交易的裝置。購買商品時，這些被隱藏的裝置就會使用專用電子驗證（類似生物辨識系統的方式），並且在Web網路上記錄每個商品分別是屬於誰的，這些交易記錄會在區塊鏈上進行。於是，各個裝置就可以自動代替購買者（你）進行交易，冰箱會自動向超市訂購食材、汽車會使用自動駕駛功能或是自動加油，而房子也會自動訂購清潔用具等。

　　每一筆交易都會使用到你的「電子錢包（Wallet）」，小額交易的時候，不需要經由電子錢包主人驗證，這些裝置能代替你進行自動驗證。僅有發生高額、大量交易，或是必須要驗證支付時，才會運用生物辨識系統或是類似的方法，由裝置向你確認是否可以代替你下訂單，這些所有的交易都會即時且低成本地記錄在你的銀行所開設的公開型區塊鏈帳本上。

　　未來不需要實體貨幣的理由在於，透過物聯網（Internet of Things, IoT）所有的交易都可以在無線狀態下進行。進入商店或是購物商場後，透過身上的穿戴式裝置以及身體上的晶片身分認證，

即可傳達個人所在的地點或是本身的意願，於是，你不需要進行任何支付行為即可完成購物，你只要眨一下眼睛、晃動一下手錶等，經由任何事先指定的行為即可完成驗證。

1990年左右，許多人應該都無法想像網際網路會爆炸性地擴展到這種地步。因此現在對於「虛擬貨幣」的認識，再過個10年或許就會有更戲劇性的變化，可以用來取代現金、信用卡、支票等，藉由穿戴式裝置或是身分認證即可訂購任何東西。這樣看來，SF（Science Fiction）般的世界將勢必成為未來的現實情形。

今後必須解決的事項還有很多，像是能否在維持交易驗證作業所需的共識演算法（Consensus Algorithm）必要效能等級下，確保進行安全性的處理等。我們應定期確認技術方面的發展狀況，最重要的是，不僅是比特幣，在整體數位貨幣更進一步之前，我們必須在技術方面有更多的探究學習。

本書針對持續產生戲劇性變化的比特幣與區塊鏈技術及其環境進行探討，本編輯委員會期望各位讀者能夠以本書為起點持續關注、學習，並希冀本書的內容架構能夠促進各位對於區塊鏈的理解，對社會的開放性發展有所助益。

監修者 馬渕 邦美

章 **總　論**

章 **比特幣的可能性與所需面對的課題**

第 3 章　區塊鏈所引發的金融變革及其架構

第 **4** 章　**對於區塊鏈產業的衝擊**

5 章 新誕生的平台

虛擬貨幣帶給社會的衝擊

經濟學家　野口　悠紀雄

虛擬貨幣帶給社會的衝擊

經濟學家 野口 悠紀雄

　　以比特幣爲首的虛擬貨幣，以及用來支撐比特幣的區塊鏈技術都是極爲嶄新的東西，它們都具有能夠大幅改變社會基礎結構的潛力。然而，虛擬貨幣目前尚未被人們正確理解，大多數人認爲那僅不過是一種電子貨幣的型態，甚至有一派人士強烈認爲其根本是怪物。特別是在日本，媒體將Mt. Gox公司倒閉的新聞錯誤報導成是比特幣倒閉，導致人們所理解的事實有了重大的扭曲。

　　接下來，讓我們來談談虛擬貨幣與區塊鏈擁有怎樣的可能性。

——小額付費的可能性

　　在比特幣應用方面，首先大家會聯想到的就是網路商店的支付方式，目前已經有好幾家網路商店可以接受比特幣支付。

　　由於比特幣的匯款成本不高，因此相當適合用來當作極少額度匯款的貨幣。目前主流的結算方法是信用卡，然而因爲匯款成本太高，不少公司難以藉此經營業務。

　　爲了因應這點，市場上出現了各式各樣的新興服務，可以降低匯款成本的架構，結合金融（Finance）與技術（Technology），過去未能實現的新金融服務終於粉墨登場。在新潮流「金融科技（FinTech）」交易過程中，降低匯款成本儼然是一個重要的議題，以往，在信用卡或是簽帳金融卡（Debit Card）上所建構的系

統，匯款成本的下降幅度往往有所限制，因此，為了實現真正的小額付費，一定得依賴虛擬貨幣才行。

然而，說是虛擬貨幣，根據比特幣的付費體系，在小額付費的成本方面反而相當高，如此一來，就必須建構出一個能夠將多筆交易彙整後匯入區塊鏈（支援比特幣等虛擬貨幣的基礎建設）的架構。

只要匯款成本下降，就能夠在網路上提供各式各樣的新興服務，例如在付費數位內容方面做出貢獻。目前的匯款成本較高，因此難以在一定的經濟規模下提供新聞分則銷售等服務，然而，只要可以實現行小額付費，就有極大的可能性針對品質較高的數位內容，進行分則收費。

── 國際匯款

匯款成本低廉，其中會產生重大影響之一就是國際匯款領域。目前，國際匯款大多需要透過銀行系統，因此私人之間較小額的匯款成本相當高。

關於這個部分，比方說：從非洲到中東工作，或是從菲律賓到香港工作等的海外勞動者，如果需要匯款回自己的國家，將會是一個很大的問題。目前這些地區已經開始採用比特幣，提供比以往成本更加低廉的匯款服務方式。

只要開發中國家與先進國家之間的匯款成本下降，除了海外勞動工作方面之外，也可以用於先進國家的外包需求上，例如：日本企業將部分業務外包給亞洲的新興國家，再使用比特幣進行匯款。目前，這些合作都有潛在的可能性，只是由於匯款成本太高，所以

尚未實現，但只要這樣的匯款系統能夠成立，不論是對日本或是對新興國家而言，都具有極爲重大的意義。

在許多開發中國家，銀行分行的布點並未完備，因此，比特幣這類新興匯款方式能夠利用的範圍將會非常廣泛。

── 虛擬貨幣間的競爭

對於比特幣等虛擬貨幣，坊間也有一些批判的聲浪。批判較多的問題大多是與國家所發行、流通、可控制的既有貨幣不同，「其供給（發行量）經過一段時間後將達到固定」（自2009年公開後，最初即決定每天約10分鐘就會發行一次，大約每4年發行量會減半，總計上限爲2100萬比特幣）成爲比特幣特有的問題點。

然而，虛擬貨幣不僅只有比特幣一種存在，目前已經有超過600種的虛擬貨幣出現，其中更有好幾種虛擬貨幣與比特幣擁有不同的供給時間表。

假設比特幣具有供給時間表的問題，那麼我們就有充分的理由認爲或許有其他虛擬貨幣能夠替代比特幣，藉由虛擬貨幣之間的競爭，人們會趨向於選擇具有最適當結構的虛擬貨幣，如此一來，不只是比特幣，對於整個虛擬貨幣都有再進行評估之必要。

各式各樣的虛擬貨幣，透過各種不同的機制運作著，就算帶有比特幣的基因（Clone），也可能採取相當不同的方法營運。

然而，這些虛擬貨幣的共通點在於沒有中央集權的管理主體存在。虛擬貨幣是藉由P2P這種分散式的電腦架構進行營運，這些電腦藉由維持「區塊鏈」的公開帳本，實現交易。正是因爲比特幣具有這樣的架構，因此與以往的電子貨幣比較起來，可以將匯款成本壓至極低。

從以上的優點來看，包含日本在內的世界主要銀行，都開始自行實驗開發虛擬貨幣，藉此讓國際匯款等成本下降。

日本中央銀行也相當關心虛擬貨幣的議題，而中國人民銀行更宣布將獨立發行虛擬貨幣的計畫，加拿大以及荷蘭的中央銀行亦開始進行類似的嘗試。

──虛擬貨幣與國家間的對立

如果虛擬貨幣能夠廣泛地被運用，那麼可能會對現有的國家系統造成嚴重的威脅。首先，由於虛擬貨幣將能夠取代目前金融機構所進行的許多業務，因此必然會對金融機構帶來重大的影響（如前所述，若是金融機構想要自行製作虛擬貨幣，則另當別論）。

其二，是關於稅務徵收的問題。由於使用虛擬貨幣的交易具有匿名性，因此可能會無法掌握所有的交易，如此一來，假設虛擬貨幣的交易量擴大，恐怕會有阻礙稅務徵收的風險。

其三，是資金外逃（Capital Flight）問題。當一個國家的人民不再信任自己國家貨幣的未來發展，往往就會發生購買比特幣再兌換成美元等價值較為穩定貨幣的行為。

這個部分，不只是可能而已，事實上已經有實際案例發生。2013年秋天，賽普勒斯（Cyprus）就曾經發生過資本外逃至比特幣的事件，此外，在中國的人民幣方面也曾發生過同樣的事情。2014年1月，比特幣的價格出現1塊比特幣可兌換超過1100美元的情形，就是因為受到中國的資本外逃所影響。

由於這樣的事件影響，中國政府開始要求中國銀行禁止進行比特幣相關交易，這也是比特幣在2014年突然暴跌的原因。

儘管這樣的事件會對國家存亡造成重大的威脅，然而，再怎樣制定法規制度限制比特幣的交易，也無法禁止網際網路的使用。

──區塊鏈技術的應用

虛擬貨幣雖然會應用到區塊鏈的技術，但是區塊鏈的應用範圍卻並非完全都是在虛擬貨幣上。

第一個應用重點是施行「智能合約（Smart Contract）」，此處所謂的智能合約是指能夠以電腦程式形式撰寫的契約，並非由人類恣意判斷，而是可以依循演算法（Algorithm）規則自動執行的契約。

目前已有人提案應該要將各式各樣的經濟交易，採用智能合約的形式在區塊鏈上運作。其中之一是證券交易，目前為止，彩色幣（Colored Coins，在標準的比特幣上附加特有資訊並且予以實現的一種獨立貨幣，甚至會附加顏色以符合該貨幣欲表現的意義）正在進行實驗性質的嘗試。例如：美國證券交易所那斯達克（NASDAQ）曾經在未上市的股票交易方面使用區塊鏈進行實證實驗，並且在2015年底發表實驗成功的消息。

如果這些案例都能夠被實際應用，最終所有的有價證券交易可能都會變成自動化，這將會對證券業造成多大的影響呢？

此外，也有人提出要在區塊鏈上進行不動產登記，甚至是汽車等消費性耐久財的所有權轉移也都可以自動化。

區塊鏈的第二個應用對象是物聯網，它是一種將各式各樣的機器與裝置在網際網路上連接的概念，所以往往被解釋成「將所有東西串聯在一起的網際網路」，最近日本方面對於物聯網的關心度

也節節高升。然而，並不是僅僅將各式各樣的機器透過網際網路連接，生產性就可以立即提升，目前為止，物聯網主要是應用在電力系統管理等規模龐大、營運成本高，所能夠產生的附加價值效益也較高的地方。然而，如果是在智能家庭（Home Automation）這種較為侷限的、規模較小的領域導入物聯網，不但營運成本高，也無法具有太大實用性。

目前人們所理解的物聯網大多是指將從感應器所獲得的資訊送至雲端，再以中央集權式管理的一種方法。然而，這樣的方法未來可能會在基於降低成本的觀點下，產生一些限制，因此，開始有人提出使用區塊鏈，運用這樣的系統以便降低成本的想法。

同時，也有人提出想要利用區塊鏈自動營運企業的構想，這被稱之為DAC（Distributed Autonomous Company）。簡單來說，DAC就是完全不需要透過人類，即可以自動進行商業行為的架構總稱，就是所謂的分散式自治組織（Distributed Autonomous Organization）。更極致的應用是未來網路上的商店，將有可能會全部改變為藉由區塊鏈來營運的自動營運企業。

目前的機器人主要是用來替代人類的肉體勞動工作，然而，藉由區塊鏈的應用，原本是由人類自由意識決定的部分或許也可以轉成由系統進行自動化處理。但是，這些應用目前都還是處於空想的階段。

──2016年的展望

2015年，銀行開始對於虛擬貨幣另眼相看，態度上也有了顯著的改變，以花旗集團（Citigroup Inc.）為首的大型銀行已自行開

始進行虛擬貨幣營運實驗。這樣的嘗試應該會在2016年劇烈擴展並且加速進行。此外，如前述那斯達克的實驗，區塊鏈技術也開始嘗試應用到貨幣以外的金融交易。

2016年，在新興國家或是開發中國家等銀行分行系統尚未完備的地區，該如何發展虛擬貨幣作為匯款方式，備受矚目。也期待能夠開發出金融科技相關的新興運用方法。

比特幣技術對各種商業行為的影響

bitbank 股份有限公司 BTCN總編輯 山崎 大輔

◼ 比特幣的誕生

「各位覺得現在我要談的是哪一種技術呢？1975年個人電腦問世、1993年網際網路來襲，然後，我思考著，2014年就是比特幣了！」（2014年1月）這是開發出網頁瀏覽器「Netscape Navigator」、網景通訊家（Netscape Communicator）創辦人——馬克·洛厄爾·安德森（Marc Lowell Andreessen）針對比特幣所說過的一句名言。

2008年10月31日，在一個受到密碼朋克（CypherPunk，在廣泛範圍下利用強大的加密技術，做為一種可使社會或是政治產生變化手段的組織總稱）影響的加密技術電子郵件群組中，比特幣的歷史悄悄地揭開了序幕。這一天，中本聰這號人物在其投稿於電子郵件群組的論文「Bitcoin: A Peer-to-Peer Electronic Cash System」中提到比特幣的基本概念：貨幣的發行（鑄造）都必須要有工作量證明（Proof of Work, POW），透過這項演算法的驗證機制，可以預防電子貨幣被重複使用的問題。交易會藉由電子簽名的形式來保護，用一種雜湊函數（使用函數計算出來的大約數值）的方式收納在繁複的區塊內，並且與時間戳（Timestamp）一起被以鏈狀的形

式記錄著。

在比特幣問世之前，曾經也有人網際網路上試做過「分散型貨幣」，比方說，像是比特幣所引用戴維（Wei Dai）的「B-money, 1998」、尼克‧薩博（Nick Szabo）的「Bit Gold, 1998」等，皆可以說是比特幣架構的基礎。

2009年1月，比特幣的軟體被公開，網絡一開始運作，就在部分PC愛好者之間引發參加「金融密碼研討會」的風潮，在比特幣開發初期即參與其中，從比特幣協定（Bitcoin Protocol）開始，持續對比特幣發展有所貢獻的加文‧安德森（Gavin Andresen）即是其中一人。運作開始後約一年左右，雖然每天僅有100筆左右的交易量在進行，但是，比特幣的價值卻從2009年10月左右開始加速普及，剛開始的價格為1美元兌1309.03 BTC（BTC為比特幣的單位）。比特幣討論區「BitcoinTalk」管理者「Theymos」在那之後說了一句話：「即便如此，我還是覺得過高了」。

從這時開始，我們可以用比特幣訂購披薩、買車，各式各樣的東西與服務也都可以用比特幣進行交易後，比特幣的聲勢更是勢如破竹。2014年1月，美國大型網路零售量販店「Overstock」決定導入比特幣作為其中一種支付方式，3天內使用比特幣的銷售額竟達到了1億日幣。現在，微軟（Microsoft）、戴爾（Dell）、智遊網（Expedia）、衛星電視Dish Network、樂天（Rakuten）、提供行動支付服務的Square、易貝（eBay）等各個網路零售量販店皆可以使用比特幣。

收到鉅額投資的比特幣技術

　　Mt. Gox破產事件衝擊到許多金融相關業者，當然，如果只是名不見經傳的電子貨幣交易所破產，並不會損失達到數百億日幣。但是，擁有數千億日幣時價總額的金融支付網絡完全不受特定伺服器或是可信任的第三方管理，而是自動運作的這件事實，讓人們感到相當驚訝。Mt. Gox交易所破產這件事，對於比特幣的網絡完全沒有帶來任何影響，甚至於在受到許多駭客攻擊或是被捲入業界種種讓人觀感不佳的事件後，實際績效也完全沒有下滑，這些反倒是使得比特幣評價變得更好的原因。2014年開春，對比特幣的相關技術投資急遽增加，也成為一個佐證。佛瑞德・威爾森（Fred Wilson）、馬克・安德森、里德・霍夫曼（Reid Garrett Hoffman）等頗具矽谷代表性的風險投資家皆大力讚賞比特幣技術。2014年有3.6億美元，2015年則有6.5億美元的創投資金投入，在2015年4月左右，巴克萊銀行（Barclays PLC）、瑞銀集團（UBS）、花旗集團、高盛集團（Goldman Sachs）等大型金融機構也投入鉅額資金，開始進行比特幣技術的相關研究。目前，全世界的金融機構、企業、研究機構、政府皆成為此技術的俘虜。

　　為何比特幣技術能夠吸引到這些投資呢？這些建構出網際網路時代的企業家們為何都如此強烈支持呢？為何金融機構、企業、政府要持續進行鉅額投資呢？究竟這項技術會掀起怎樣的波瀾？技術的進步對於一般普羅大眾而言，或許較難以理解，不過，「區塊鏈」這項革命性的技術對我們生活所帶來的影響將會是異常地龐大。

　　本書想必能夠幫助各位讀者理解，此項技術在各個不同的產業

裡將會掀起、產生怎樣的變化。

▪ 區塊鏈與區塊鏈之間的產業動向

　　比特幣與區塊鏈，之所以會被認為是創新性技術的理由有兩點：第一點是其提供了計算機科學（Computer Science）上的古典問題規避策略；另一點則是其讓網際網路上的「價值」得以流通。首先，關於前者，透過被設計成為一種「可以確保結果整合性」的區塊鏈架構，比特幣實質性地解決了「拜占庭將軍問題」，在該問題中，提到在沒有如網際網路般可信任網絡的前提下，當事人之間該如何形成共識的相關疑問。這些問題該如何解決，方法如下：首先，在比特幣方面「會由挖礦者（Miner）全體一起計算被稱之為Nonce（32位隨機數）的數值，最早計算出答案的人獲勝」，並且要求強迫達成共識。再者，為了不要讓過去的履歷被竄改，僅視「最長的區塊鏈為真」，而且根據系統的設計架構，會將分歧的鏈結自動廢棄。隨著時間過去，這樣的結果，成功地讓比特幣資料被覆蓋的可能性降到最低。比特幣誕生迄今7年，並沒有任何破產的跡象，並且做為一種「可移轉價值的網絡」持續正常運作著。

　　第二，由於可移轉價值網絡的實現，在可以由不特定多數使用者參與的網際網路上，以比特幣為首的「價值」變得可以流通，這究竟代表著怎樣的意義呢？答案非常簡單，也就是所有的資產都可以放在網際網路上，變得可以自由交易了，例如：住家的鑰匙、車鑰匙、土地、股票、智慧財產、其他所有的權利、契約都能夠在網際網路上自由交易，這樣的創新概念，給多少個讚都不嫌多。因

此，比特幣也被稱之爲「金錢的網路」或「價值的網路」。

除此之外，僅從建構比特幣的單一技術，衍生出的「區塊鏈」，目前還無法讓人窺見全貌。比特幣在網際網路上雖然引發了「價值流通」革命，但是，要將區塊鏈導入目前的系統、發展新興服務這件事情還未能實現。所以，我們必須先放下比特幣的部分，並且改變思維模式。

在此，首先各個企業可以試著思考一下，自己對於區塊鏈懷抱著哪些期待？在圍繞著區塊鏈的產業動態方面，可以大致分成四種目的：一種是利用區塊鏈，以廉價方式替換掉原本用來處理某些價值的複雜系統，或是進行新興開發；接著是讓數個組織共享區塊鏈，創造出一個彼此之間不會互相干擾、不經由特定中央管理系統的路徑，使作業更有效率；第三，應用區塊鏈讓某些業務自動化，以降低業務成本；最後則是利用區塊鏈建構出「直接參與型」的新興服務。目前幾乎所有的企業都是依循上述這些目的在探索區塊鏈的運用出口。

特別是，金融機構期望能夠運用區塊鏈的動機相當明確。美國管理顧問諮詢公司——奧緯（Oliver Wyman）在2015年6月的公開報告「FinTech2.0」中分析「利用如區塊鏈的分散式帳本技術，預計至2022年時可將金融機構的業務成本減少150億美元以上」。

◾ 金融生態的改變

一般而言，從設計上的理由來看，區塊鏈並不適合如股票市場等使用頻率較高的環境，以及要求事務（Transaction）必須遵守

確切時間等嚴密性較高的事務環境。另一方面，在沒有需要高頻率地進行事務、不要求時間嚴密性（可容許一定範圍的前後落差）的系統中，區塊鏈則容易讓人們感受到其有效性。美國那斯達克導入區塊鏈做為未公開上市股票市場的基礎建設，美國證券集中保管結算公司（DTCC）則是在國家債券市場以及信用違約交易（Credit Default Swap, CDS）市場進行實證實驗，瑞穗銀行（Mizuho）與富士通股份有限公司（Fujitsu）在證券跨境金融支付方面進行實證實驗等，都是具有這樣的背景。

接下來，我們試著進一步追蹤在金融機構方面的動態。瑞銀集團在2015年4月，與領先世界與倫敦的科技加速器——Level 39合作，設立創新實驗室共同開發區塊鏈技術。瑞銀集團係以智能合約進行智能債券檢討，並且模擬銀行間進行金融支付的清算所（Clearing House，透過複數資訊系統，讓各種形式的資料得以互相利用的一種架構）所開發出的一種替代性協定——「多功能結算幣（Utility Settlement Coin）」。例如：奧緯公司每年在交易後處理（Post Trade）所耗費的銀行成本大約為650億美元至800億美元，這些成本藉由區塊鏈重新建構後，預計可大幅降低。

此外，高盛集團在區塊鏈上進行證券金融結算支付，目標希望能夠使結算支付變得更有效率，並且在2015年9月提出「SETLcoin」的專利申請。SETLcoin採用的是PIC（Positional Item inside Cryptographic Currency）的架構。這是高盛集團自行開發出的架構，可以將美元、國際商業機器公司（IBM）、谷歌（Google）的股票等實質資產表現成在區塊鏈上的資產。高盛集團對於SETLcoin的描述為：「如同使用加密貨幣進行交易般，所有的資產都可以藉此進行無縫接軌式的交易。」

其他，像是花旗集團、紐約梅隆銀行（BNY Mellon）、三菱東京UFJ銀行（BTMU）也都在各自的公司內部實際進行發行加密貨幣的實驗，足以顯示金融機構對於區塊鏈寄予高度的期待。

此外，綜觀區塊鏈，對於具有高度專業性技術的新創公司，進行開發時往往會與既有的體制（Establishment）合作，在領導型技術開發方面也很積極。如先前所提及，R3CEV這個來自於紐約創新體系的區塊鏈創業公司，是在2015年9月由巴克萊銀行、瑞銀集團、聯邦銀行（Commonwealth）、西班牙外換銀行（BBVA）、道富集團（State Street）、瑞士信貸（Credit Suisse）、摩根大通集團（JPMorgan Chase & Co.）、蘇格蘭皇家銀行（RBS）、高盛集團等9間金融機構所創立，當時為全世界最大的工作團隊。2015年已擴大至42間機構，高盛集團目前正在開發可由金融機構使用的分散式帳本系統。

如上所述，現階段的區塊鏈應用僅止於局部的特定領域。然而，說得極端一點，搞不好未來還可能出現以區塊鏈為基礎的銀行呢！這個銀行將擁有全世界共通的帳本、任何人都可以在世界各地直接檢索搜尋，不但能夠存款、匯款，也能接受融資，並由人工智慧監控所有的交易，在計算分數後導出各個信用評比。所有的資產都可以被記錄在分散式帳本裡，並且以P2P的方式直接與任何使用者進行交易，日幣換股票、股票換股票，甚至連信用評比都可以交易。在這樣的世界裡，所有的交易都是在線上，以P2P的方式結案，現有的商業模式將無法成立。若要實現這樣的世界，傳統的金融機構業務可能必須變成要為那些討厭管理密鑰（Secret Key）的人們提供密鑰託管業務，或是變更成為能夠接受特殊服務的沙龍式（Salon）營運等與目前截然不同的業務。有價證券完全被記錄在

分散式區塊鏈的情形也一樣，法國巴黎銀行（BNP Paribas）證券研究分析師——約翰・派瑞查特（Johann Palychata）曾說：「在這個破壞性的腳本中，既有的一些行業角色將顯得多餘。」上述舉例雖然極端，但是根據資誠聯合會計師事務所（PwC）的調查，金融從業人員大多表示對區塊鏈等革命性的技術感到威脅，認為「今後大約5年的時間內，會有28%的銀行業務被新興技術所取代」。

如渣打銀行（Standard Chartered Bank）全球首席創新官（Global Chief Innovation Officer）安華・帕德華漢（Anju Patwardhan）所說：「金融危機後的法規制度強化與技術創新，可使銀行業開創出不一樣的道路」，金融機構之間雖然嘈雜未明，不過還是可以大致感受到彼此之間有一些共識存在。話雖如此，銀行業並非一朝一夕就能夠改頭換面，區塊鏈這樣的技術，恐怕也無法把所有的東西完全替換掉。

對銀行而言，區塊鏈的出現可以擴大「金融」的業務領域，拓展商機、掌握千載難逢的好機會。透過區塊鏈，交易就等於結算支付（又稱作T+0，即交易當日結算支付）。即時移轉資產，並且將這個事件廣播（Broadcast）至P2P網絡，相關人員會直接接收到資訊，被交易的資產不需要負擔時間成本，就可以直接進行下一次的交易。所有的資產就這樣開始流動，拆除了金融業界與其他業界之間的藩籬，衍生出許多的應用程式、服務，並且與金融服務無縫接軌。

目前為止，我們一直將焦點擺在金融機構的動態，雖然說具有「帳本」特色的區塊鏈對於銀行處理資產的業務方面，親和力理所當然會比較高，但是，區塊鏈的技術專利並非專屬於金融機構。可惜的是，媒體報導在提到區塊鏈時，大多都會在文中連帶提到「金

融科技」一詞，其實在本質上這是一種「由區塊鏈所實現的新興交易模式」。

我們的生活就是不停的交易，從智慧型手機的使用契約、房屋租賃契約、投保汽車保險，或是透過亞馬遜網站訂購日常用品、公司的聘書等，對我們而言，這些都是為了享受現代且有效率生活所必要進行的交易。接著，讓我們從以物易物到貨幣經濟，來談談「區塊鏈」所編織出的未來世界，將如何顛覆過去豐富了人類歷史的交易概念吧！

◾ 物聯網生態的改變

各位可以試著思考看看物聯網與M2M（Machine-to-Machine）的付款範例，談到物聯網，較具代表性的就是智能鑰匙、智能鎖或是環境感應器等，這些其實僅是「有點聰明的裝置」程度，但是在區塊鏈的公開網絡上，卻會有大幅進化的可能。在實現物聯網的世界裡，可以藉由下面案例來了解其中的架構運作：在某個工廠中有一台已程式化的無人駕駛飛機，以加密貨幣支付後，會在工廠半徑1公里以內的地區環繞，收集環境數據後再折返。上述過程中，首先欲取得環境數據的人（或機械）對無人駕駛飛機進行付款後，無人駕駛飛機會先確認電池狀況，如果驅動力不足它會自行利用加密貨幣支付給充電用電池設備，並且接受充電；充電完成後，將自動啟動並且開始跑程式進行數據收集；由於上傳數據這件事情，會比接收訊號時需要更大的頻寬，因此還必須根據路由器（Router）的通訊量支付費用；取得環境數據的人，可以將從其他地方收集而來

的數據與之組合，在數據上進行加工，再銷售給其他裝置或是其他人，這就是一連串的物聯網流程。也就是說，在這樣的世界裡，裝置本身就會自律性地進行經濟活動，無人駕駛飛機的利潤是將收到的加密貨幣支付給充電裝置、路由器後的差額；充電裝置與路由器也會分別與發電所，以及ISP互相溝通。

極端一點來看，未來這個腳本一旦成立，人們就會變得沒有工作的必要了吧！因為原本必須是由人類進行的經濟活動，已經被可以互相支付、溝通的人工智慧所取代。如果人工智慧也形成了自由市場，將顛覆我們目前為止所擁有的一切常識。所有的勞動力與能源、資產、所有權都會透過區塊鏈而令牌化（Token，字符串化、代幣化），並且在網路上（On Line）共有。原本必須由人類操作或是依靠人類的金融系統，在此可說是完全沒有任何餘地可言。

▪ 法律生態的改變

在區塊鏈上，會將先前傳送出去的交易內容，以一筆交易（Transaction）的方式表現，如果是比特幣，則是一種「將我所持有的1 BTC使用權，讓渡給你」的感覺，實際上，這無非就是一種以數位方式表現的所有權讓渡行為，也就是說，我們也可以在法律領域探討所謂區塊鏈的應用。在此，最受矚目的是稱之為「智能合約」的技術。所謂「智能合約」是指以數位形式記述約定的事項（合約），在構成法律上的條件後，即依事前所規定的處理方式自動執行程式。雖然過去已經有許多科技公司推廣無紙化電子契約，但是，讓權利或是資產移轉能夠自動執行，可以說就是區塊鏈最擅

長的部分了。這個領域當中，真正在著手進行的是一家倫敦的律師事務所──Selachii公司，該公司使用智能合約開發出可以自動執行訴訟契約的基礎服務程式。然而，說穿了，智能合約只不過是單純地將「雙方約定事宜」表現在區塊鏈上罷了，在中央管理的伺服器上處理智能合約，與一般的應用程式並沒有什麼分別。因此，在實務上或是日常生活中，應用這樣的技術將會帶來哪些優點，還是眾說紛紜的狀況。

■ 健康照護生態的改變

目前也有將區塊鏈應用在健康照護領域方面。在健康照護上，已經開始改為使用電子病歷（EMR）進行電子健康紀錄（EHR）及個人健康紀錄（PHR）。所謂的電子病歷是一種各地醫療機構可以共享病患資訊的架構，個人健康紀錄則是病患本身可以隨時查閱個人一輩子所有健康紀錄的一種架構。但是，區塊鏈可能會使上述這些架構淪為落伍的系統，因為區塊鏈可以讓複數組織簡單共享包含了時間戳的交易，並且以電子簽名的方式保護這些資料。說得更具體一點，就是將病患本身的健康紀錄加密後寫入區塊鏈，並且附加使用時間、次數限制等有條件的令牌後，再傳遞給醫療機構，讓醫療機構僅能閱覽特定的資料，也就是說，可以進行檢索控制。如果這種應用得以實現，就不需要仰賴那些已經導入醫療機構的系統，我們可以自己管理自己的資料，從被管理的時代，變成可以自主管理的時代。

在健康照護領域的應用範例方面，有一個由愛沙尼亞共和國

（Estonia）政府與擁有資料加密技術的衛泰（GUARD TIME）公司所共同進行的計畫。愛沙尼亞共和國的行政服務已經邁入電子化，政府目前管理著130萬人的生涯健康紀錄，若將這些紀錄移到區塊鏈上，預計可大幅減少系統的維持成本。在與可攜式裝置（Wearable）結合的居家醫療領域方面，將藉由感應器取得的健康紀錄與時間戳一起寫入區塊鏈中，即可大幅降低醫療機構的監控成本，因此得以提供更有效率且高品質的醫療服務。

▪ 政府／行政服務生態的改變

英國政府首席科學顧問的馬克・沃爾波特（Mark Walport）曾說：「以往的中央管理伺服器，容易產生單點故障問題（只要該單一處無法運作，就會對整個系統造成危害）」。一般的應用服務程式也會遇到相同的狀況，但是如果遇到要對全國人民提供安全的行政服務時，就必須投入龐大的資源，以避免遭到駭客攻擊或是系統當機（System Down）等單點故障情形。區塊鏈或許可以將這些龐大的行政服務重新以分散式自治網絡，用較低廉的方式重新建構。並且，在行政服務方面，像是選舉投票或是課徵稅賦等需要著重於透明化的事務相當繁多，因此，光是區塊鏈所具備的「高度流通性」特色，就令人有充分的動機想要將其導入行政事務。

烏克蘭政府已經與民間多個新創公司共同開發採用以太坊（Ethereum，一種用於建構智能合約的平台。將在第5章中說明）基礎的表決投票系統「e-Vox」。e-Vox可以透過智能合約將記述下來的內容製作成陳述書，並且具有可以行使令牌的決議

權。在e-Vox的計畫中，預計將在烏克蘭的基輔（Kiev）、敖得薩（Odesa）等幾個都市，實際進行模擬市議會選舉的實證實驗。

再者，發行電子ID，更是在行政方面區塊鏈應用的熱門主題，戶籍、繳納稅款、土地登記、地址變更、核發護照、年金、其他公共福利服務等，所有的紀錄都可以存於ID卡上，並且接受行政相關服務。特別是在行政基礎建設尚未完備的開發中國家等，可能會悄悄地成為極為重要的殺手級應用。

以上是比特幣與區塊鏈對各個產業所帶來的影響範例，然而，這些僅是藏在比特幣技術內冰山一角的可能性應用。隨著全世界的金融機構開始活用區塊鏈的技術，並且進行著實證實驗，筆者認為在2016年應該會陸陸續續開始對外發表實驗成果。除了與金融領域的動態並行，應該也能夠在非金融領域發現一些正在積極探詢、利用與運用區塊鏈的動作吧！區塊鏈所引發的分裂（創造所需的必要性破壞），將會立刻出現在你我眼前！

比特幣與商業行爲

bitbank 股份有限公司董事長兼CEO　廣末　紀之

2015年元旦，日本全國報紙上出現斗大的標題「比特幣・不當操作」。當時相當自豪在全世界約有70%的交易市占率、由法國人馬克・柯爾佩勒斯（Mark Karpelese）所經營的Mt. Gox公司，發生99%一般客戶存放在該比特幣交易所的比特幣因爲內部違規不當操作而消失的事件。那些消失的金額，若用當時的匯率計算，市值約爲500億日幣，金額之龐大震撼全世界。當時日本的財務、金融大臣麻生太郎表示：「我個人認爲『這種東西』絕不能長期持續下去，總有一天它會破產！」。於是，諸多大型媒體便針對該事件大肆報導，看到這些報導的民眾，會有一種比特幣這種東西就是「類似之前使用『円天』那種虛擬貨幣的鉅額詐騙事件，是很弔詭的貨幣詐騙手法」的印象，以至於之後幾乎所有日本人都誤解了比特幣的本質，甚至大多數人認爲比特幣已經告終。

然而，包含當時的Mt. Gox事件，和這些印象相反的是，比特幣至今還是好好地正常持續運作中。筆者觀察這一連串的狀況後認爲「比特幣網絡是極爲堅固的」、「大眾對於比特幣的認知錯誤」、「因應這些革命性現象的出現，如果日本國內沒有出現健全的業者，日本將淪落至世界末位」。

正確了解比特幣的人，想必會跟筆者帶有同樣的想法，在這個事件之後，一些創業家們也企圖逆向抓住這些認知上的落差機會，帶著各種期待與志向投入這個市場。

本章節將以具體案例介紹比特幣相關商業行為，以及日本國內外目前存在的應用領域。

■ 日本國內的比特幣商業行為

Mt. Gox事件後2年內，日本國內也有多家公司投入、從事商業活動，目前主要是在整頓流通環境的階段，但是基本功能架構已經相當完備。利用比特幣進行的商業行為，可分類如圖表1-2-1，主要還是以消費者（Consumer）為對象的商業行為較多。

雖然主要領域之一有「(A)挖礦」存在，但是，日本國內並未存在以此為主的業者，關於這個部分將會在下一單元「全世界的比特幣商業行為」項目中介紹。此外，也有以法人為對象、構成比特幣重要技術的「區塊鏈」商業應用案例存在，由於並非本章節宗旨，故在此暫不討論這個部分的內容（區塊鏈相關議題將在第3章

圖表1-2-1　比特幣相關商業行為分類

(A) 挖礦	提供礦池（Mining Pool），並且銷售專用機器
(B) 交易所	提供比特幣與法定貨幣的交易場所
(C) 電子錢包	提供比特幣（密鑰）的保管管理、收發訊息的系統
(D) 結算支付	提供比特幣的結算支付系統，以及法定貨幣的交易功能
(E) 匯款	主要提供進行國際匯款的功能
(F) ATM	提供可藉由ATM機台，購買、販售比特幣的功能
(G) 媒體	提供比特幣等虛擬貨幣相關資訊
(H) 其他	實體比特幣（Physical-bitcoins）等促銷商品的製造銷售等

中說明），以下將從(B)開始針對各個項目進行解說。

(B) 交易所

　　所謂交易所，如字面上所示，是指用來交換、交易「比特幣（爲主的加密貨幣）」與「法定貨幣（日幣等）」的場所，也可以把它想像成是股票與法定貨幣交換的線上專用東京證券交易所，會更容易理解。這個交易所有點類似是在網際網路上（利用網路的閘道器（Gateway））提供虛擬貨幣閘道的功能，估計許多想要持有比特幣的消費者都會透過交易所來進行交易。

　　日本國內的交易所還加上了比特幣以外的加密貨幣交易、期貨交易（Futures Contract）、保證金交易（Margin）等現貨交易以外的變化、提供企業人士所需之特殊交易功能等，不僅是單純的現貨交易，還逐漸朝向滿足消費者交易需求的方向進化，收益來源主要是交易時所產生的手續費或是保證金交易時所產生的利息等。

　　日本國內的交易量如圖表1-2-2所示，大致是向上提升的。可以發現使用者數量增加，市場價格表現相當良好，整體交易量也持續增加中。

　　2015年11月，在日本國內主要交易所的交易量方面，從BTC（比特幣單位）來看，每個月約爲35萬BTC。以1 BTC=5萬日幣來計算的話，約爲175億日幣。

　　然而，可惜的是，如果用股票或是用匯票（Money Order）等傳統金融商品的規模作爲標準來看，比特幣以目前現況來說規模還算是相當小。日本國內主要比特幣交易所的特色，如圖表1-2-3所示，各個公司都有不同的特色，期望做出差異化。

　　未來交易所的業務將會更進一步考量交易的商品、方法、手

圖表1-2-2　日本國內主要比特幣交易所的每月交易量變化（依日本國內主要交易所之公開資料製作）

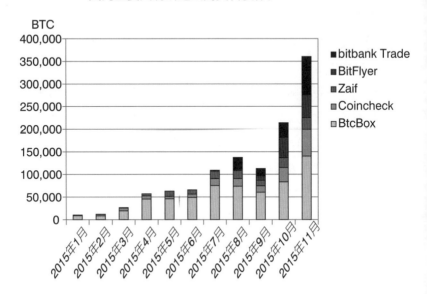

續費收取方式等，以期做出基本的差異化，促使競爭更加白熱化。目前看來，交易所的業務還都是一些必要性的業務，然而，如果是從資本密集的角度來評估，今後非常有可能會慢慢地進入統整、廢棄、合併的階段。此外，現有的交易所皆採用傳統的中央集權式，未來也有變化成分散式的可能性，將來是否還會存續現在的形式，仍還不甚明朗。

(C) 電子錢包

　　將電子錢包用於比特幣的保管、傳送與收取，是最普遍的應用方式之一。電子錢包可大致分為4種，擁有各自的特色，如圖表1-2-4所示。

圖表1-2-3　日本國內主要比特幣交易所的特色（2015年12月）

註：艾特幣係指比特幣以外的虛擬貨幣

	BTC 現貨	BTC 保證金	BTC 期貨	艾特幣	說明
bitbank Trade	○		○		加上比特幣現貨，亦可進行期貨交易
BitFlyer	○	○			加上比特幣現貨，亦可進行保證金交易
Zaif	○	○		○	除了比特幣，亦可進行貓幣／萌奈幣（Monacoin）交易
Coincheck	○	○			加上比特幣現貨，亦可進行保證金交易
BtcBox	○	○		○	除了比特幣，亦可進行萊特幣（Litecoin）、狗幣（Dogecoin）交易

圖表1-2-4　電子錢包的分類與特色

種類	概要	服務範例
完全節點	可下載區塊鏈上所有交易資料的類型	Bitcoin-Qt、Bitcoind
SPV節點	必須參照外部伺服器上的區塊鏈類型	Electrum、MultiBit
線上	有與網際網路連接的線上電子錢包	Blockchain.info、Coinbase
離線	沒有與網際網路連接的物理性電子錢包	Trezor、Paperwallet

　　電子錢包是相當重要且普及的一種應用程式，幾乎皆可以免費提供人們使用。另一方面，從服務提供者的角度來看，其實並

沒有收益模式，目前的主體也不是爲了商業行爲才成立的。本公司（bitbank）也有提供bitbank Wallet（圖表1-2-5），這些例子顯示電子錢包的使用雖然是免費的，但是可以藉由附帶一些功能，像是使用信用卡購買比特幣等，這些銷售手續費獲取一些收益，甚至也有離線的物理性電子錢包存在（圖表1-2-6）。

對使用者而言，由電子錢包等專門業者進行密鑰管理的便利性會較高。然而，就現況而言，服務提供者的風險（保管、管理顧客密鑰）與收益並不平衡，服務業者大多爲此相當煩惱。今後，服務業者爲了確保重大的安全問題，可能會考慮採取向使用者收取管理手續費等方式，目前尚未有此商業模式成立，因此情況還不明朗。以下提出日本國內主要的電子錢包業者，供參考（圖表1-2-7）。

圖表1-2-5　線上（Web）電子錢包範例（bitbank Wallet）

圖表1-2-6　離線（硬體）電子錢包範例（使用Trexor）

圖表1-2-7　日本國內主要的電子錢包業者

服務名稱	種類	URL
bitbank Wallet	線上（Web）	https://bitbankwallet.jp/
Coincheck	線上（Web）	https://coincheck.jp/
LUX STACK	節點型	https://luxstack.com/

(D) 結算支付

　　這項商業模式是由代收代付平台業者提供給希望以比特幣進行結算支付的商家（例如：經營網路商店的個人或企業等，分為線上、離線兩種）一些接受比特幣結算支付的必要功能，並且將收取到的比特幣兌換成法定貨幣等一連串的服務（圖表1-2-8）。在網際網路業界，雖然有許多信用卡的結算支付代收代付平台業者存在，然而，建議最好還是要有比特幣版本的代收代付平台業者。

　　比特幣原本就不存在像是信用卡的VISA或是Master等中央機構，因此，可以建立出使用手續費極低的架構。從商家的角度來看，能夠壓低結算支付的代收代付手續費（例如：結算支付金額的1%左右）這件事情是相當具有吸引力的。

圖表1-2-8　以比特幣結算支付的商業模式

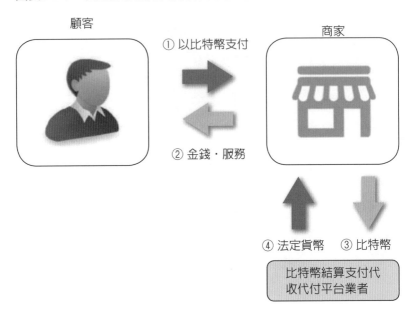

另一方面，比特幣的市場價格變動激烈，結構性的問題也還很混亂。比方說，販售1 BTC（2016年5月時約5萬日幣）的財務服務給使用者後，向比特幣結算支付平台業者兌換成法定貨幣時，比特幣的市場價格下跌，恐怕就會出現僅能夠回收到低於銷售金額的風險。相反的，當市場價格上升時，也會有回收金額增加的情形，為了避免商家自行承擔這種型態的風險，現在已將這些價格變動的風險轉嫁給平台業者（也就是說，可以確保銷售時點的法定貨幣價格），一般會採用收取1%左右交易手續費的形式。

如果是這種形式，基本上對商家而言，由於結算支付的代收代付手續費被壓得比信用卡還要更低，而且原本並沒有這種結構性的退款（Chargeback，因不當使用而造成營業額的退款），所以對於

導入並不會有太大的抗拒。然而，目前遇到的阻礙是比特幣的使用者人數有限，使得商家導入比特幣的誘因不足，況且日本國內目前也有使用比特幣結算支付的導入量限制。

　　目前比特幣持有者大多爲外國人士，日本方面爲了因應2020年所欲舉辦的奧林匹克運動會，正在努力加強來日觀光相關因應對策，因此也提升增加可因應外國人支付比特幣店家的必要性，考量日本國內線上數位內容對於外國人士的銷售量也會增加，使用比特幣結算支付的重要性也可能因而提升。在此提供日本國內主要的比特幣結算支付代收代付服務資訊（圖表1-2-9），供各位參考。

圖表1-2-9　日本國內主要的比特幣結算支付代收代付服務

GMO Payment Gateway /BitFlyer	https://www.gmo-pg.com/service/bitcoin/
Coincheck Payment	https://coincheck.jp/payment?locale=ja
Zaif Payment	https://zaif.jp/payment
Econtext/Quoine	http://www.econtext.jp/news/press/4439.html

(E) 匯款

　　有些領域相當期待比特幣可以發揮功能，特別是在國際匯款的部分。該領域的商業模式相當單純，只有入口與出口，透過當地的換匯業者即可完成當地法定貨幣與比特幣的兌換，並且完成匯款（圖表1-2-10）。

圖表1-2-10　使用比特幣的匯款模式

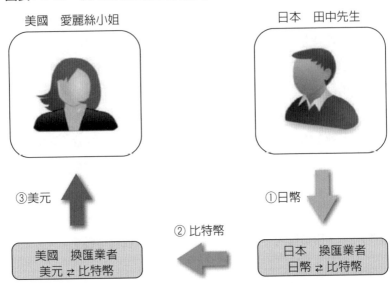

比方說，我們以日本的田中先生要匯款給美國的愛麗絲小姐這個案例來思考。匯款過程是田中先生先將日幣匯給日本的比特幣換匯業者，兌換成比特幣；接著再將該比特幣送至美國的換匯業者位址，並且兌換成美元，愛麗絲小姐就可以收到美元了。

如各位所知，使用比特幣的優點是比特幣的匯款幾乎沒有手續費，但是，缺點是經過比特幣換匯所的入口、出口時，會產生換匯手續費。而且，匯款時比特幣的匯率等也會有所波動。

此外，在該商業模式的不確定要素方面，除了價格變動等的問題外，其他問題點則是由法律面獨攬，例如：目前日本有資金結算法、外匯法、犯罪收益移轉防止法等，業者進行匯款業務時的風險要素相當多，必須先釐清這些複合式的法律面問題。話雖如此，從一般人的眼光來看，對於透過銀行進行國際匯款時的匯款手續費

高，而且服務窗口往往會有營業時間限制等的不便，使用比特幣能夠享受到更加便宜便利的國際匯款服務，是相當讓人引頸期盼的。

(F) ATM

這項商業模式在比特幣初期階段即相當興盛。

此ATM機台（框體）就跟在便利商店的銀行ATM一樣，只是改成比特幣版本。這座機台的使用概念是：放入法定貨幣後，就可以用時價取得比特幣；而如果是放入比特幣，則可以用時價兌換成法定貨幣。

比特幣ATM有Two-way型（比特幣 ⇄ 法定貨幣）與One-way型（法定貨幣→比特幣），兩種類型存在（圖表1-2-11、圖表1-2-12、圖表1-2-13）。一開始是以Two-way型為主流，但是因為KYC（客戶當事人驗證作業）以及ATM內的法定貨幣管理等維護成本太高，所以最近這種類型逐漸式微，目前改以機台價格以及維護成本皆較低廉的One-way型為主流。然而，與其說是One-way型的ATM，其實不如直接說它就是一台比特幣自動販賣機，比特幣簡直變成像是罐裝果汁一樣。其實根本不需要任何機台，若只是想要購買的話，直接到線上的比特幣交易所就可以購買了。

圖表1-2-11　比特幣ATM類型

Two-way型	比特幣 ⇄ 法定貨幣	ATM型
One-way型	法定貨幣→比特幣	自動販賣機型

圖表1-2-12　Two-way型（以Robocoin為例）出處：增田真樹先生的TechWave記事（http://techwave.jp/archives/robocoin_will_appear_at_nishiazabu.htm）

圖表1-2-13　One-way型（以Lamassu為例）出處：Bitcoin News Written by Christian Maeder （http://www.bitcoinnews.ch/547/im-test-europas-erster-bitcoin-bancomat/）

　　一般而言，採用機台模式會增加機台的製造、維護、營運、建置成本等費用，提供機台機器的公司以及設置營運的公司如果要將其當作商業模式實在不太划算。

　　目前的狀況是由提供機台機器的業者銷售該機器主體、收取維護費用，由設置營運公司收取較高額的換匯手續費（10%左右），才能夠勉強維持營運，然而，有鑑於線上免收換匯手續費，今後這種商業模式如果想要成為主流，恐怕有其困難度存在。

　　圖表1-2-12中的Two-way型ATM（Robocoin）為本公司在日本所設置營運的第一座機台實際照片，從該經驗學習到的優缺點，如圖表1-2-14所示。

　　日本國內目前約有10台左右，設置於日本東京的比特幣ATM地點，如圖表1-2-15，供各位參考。有興趣者，務必前往親自體驗看看。附帶一提的是，ATM機台最近在中國大陸以10萬日幣左右的低價販售中，有興趣招攬店鋪生意者，建議可以引進至國內、設置看看。

圖表　1-2-14 比特幣ATM營運上的優點與缺點

■優點
因為很新奇，可以成為話題，有機會接受電視台等媒體訪問，具有宣傳的效果
可以吸引新客源來店
■缺點
機台較大，有設置、移動方面的困難
從KYC方面來看，使用者驗證耗時
無法順利讀取日本許可證
難以獲得國外機器提供業者（Robocoin公司）的支援

圖表1-2-15 　ATM設置地點（東京）

店鋪	業種	場所		ATM類型
銀座沼津港	迴轉壽司	東京	銀座	Genesis Coin
The SNACK	共用工作空間（Coworking Space）	東京	銀座	BitOcean
The Pink Cow	酒吧	東京	六本木	Robocoin

　　此外，不只是ATM的機台，也有面對面型的ATM（直接配對的交易所）存在。較知名的服務應該算是「Local Bitcoins」吧！（圖表1-2-16）這種類型的服務是透過網站讓買賣雙方直接討論要在哪裡會面，直接在眼前交易比特幣與現金。筆者因為好奇這項服務，所以也嘗試當了一次買方，當時是與一位因為工作前來日本的外國男性賣家在飯店的大廳會面，直接以現金交易比特幣。由於這項交易是面對面交易，比起透過交易所的匯率更不好。通常會採用這種方法的情形是例如：在國外持有比特幣，並且對當地貨幣有急迫性需求時，就非常方便。附帶一提，實際情況是機台型的ATM

圖表　1-2-16 Local Bitcoins（出處：https://localbitcoins.com）

Buy bitcoins with cash near Tokyo, Japan

Seller	Distance	Location	Price/BTC	Limits	
imcoddy (0)	3.0 km	Minato, Tokyo, Japan	51432.78 JPY	11000 - 200000 JPY	View
Newar (30+; 100%)	3.2 km	Tokyo, Japan	51680.56 JPY	20000 - 100000 JPY	View
NicolasDorier (1; 100%)	3.2 km	Tokyo, Japan	50443.68 JPY	10000 - 200000 JPY	View
imcoddy (0)	3.2 km	Tokyo, Japan	52421.87 JPY	2000 - 10000 JPY	View

♀ Show more on map for buying bitcoins with cash

在國外設置的數量並不多，此外，也無法立即在當地的交易所開設帳戶。

日本Tech Bureau公司也同樣以面對面型的商業模式，提供「Smart ATM」這種服務，由於可以直接用日語與交易對象進行交易，對使用者而言更簡而易懂（圖表1-2-17）。

圖表1-2-17　Tech Bureau公司的Smart ATM所在地圖（以東京為例。出處：https://zaif.jp/smart_atm）不只是設置ATM機台，也提供可以在街道上面對面進行交易的服務。

(G) 媒體

從比特幣在國際發行的歷史來看，日本國內的資訊非常有限。本公司期望能夠正確傳達在世界各地所發生的事情，因此開始經營比特幣新聞媒體「BTCN」，這一年內除了本公司所提供服務之外，也有幾家媒體出現，因此與先前比起來，資訊的取得更加方便了（圖表1-2-18）。

雖然媒體的商業模式與一般的網路媒體一樣，皆設定為廣告收入模式，但是目前由於使用者人數有限，恐怕還沒有能夠以廣告收

入獲得充分收益的媒體業者。

圖表1-2-18　日本國內主要媒體

名稱	營運	URL
BTCN 比特幣新聞	bitbank股份有限公司	http://btcnews.jp/
CyptoCurrency Magazine	私人	http://cryptocurrencymagazine.com/
CoinPortal	Jtrust Fintech股份有限公司	http://www.coin-portal.net/
CoinTelegraph Japan	Trillion股份有限公司	http://jp.cointelegraph.com/

(H) 其他

　　除了前述的主要商業領域外，還有一些周邊的商業模式。在此，我想要介紹的是實體比特幣（Physical-bitcoins）。

　　圖表1-2-19是本公司實際所擁有的Casascius製實體比特幣，這個硬幣內附有密鑰，真的可以領出比特幣。這個Casascius製實體比特幣雖然只是貨幣擬真品，但卻相當有重量，質感簡直就像是真正的金幣，是在比特幣開發初期發行的東西，可惜現在已經沒有銷售。

　　筆者想，總有一天它會具有骨董般的價值，所以一直收藏著沒有使用。對於像我這樣的收藏者而言，這種製造銷售數量有限的貨幣，未來可能會有某種程度的增值（如「○○紀念幣」之類的東西）。

圖表1-2-19　Casascius製實體比特幣

　　也有日本製的實體比特幣存在，目前以「悟（Satori）Coin」
這個名稱製造銷售中（圖表1-2-20）。這是塑膠製的，每1枚的比
特幣額度也很低，但是由於包含設計在內的基本架構還不錯，有足
夠的品質得以做為販售促銷商品。

圖表1-2-20　悟（Satori）Coin

■ 全世界的比特幣商業行為

(A) 挖礦

挖礦是比特幣商業生態系統（Ecosystem）中最為重要的功能之一，Mining被直接翻譯成「挖礦」，在比特幣的世界裡，挖礦是指在比特幣的交易（事務）塊上，使用電腦（Computer Power）執行大量運算，以進行「區塊」的驗證作業。

比特幣在該架構上，約10分鐘可以完成一個區塊的驗證作業（也就是指挖礦），成功完成驗證作業的挖礦者可以獲得25 BTC的報酬（2015年12月時點）。

用一整天的時間來看這樣的架構，25 BTC×6×24=3,600 BTC（1 BTC=5萬日幣時，時價為1億8000萬日幣），而且每天都會有新的價值產生，由挖礦者們（挖礦業者）彼此去爭取這樣的金額。從挖礦業界整體來看，每天有1億8000萬日幣的營業額，扣除挖礦設備投資、電費、人事費等費用後，差額就是挖礦者們的利益了。比特幣的挖礦方法如圖表1-2-21，可大致分類為「獨立挖礦（Solo Mining）」與「合力挖礦（Pool Mining）」兩種類型。在這種商業模式下，要由個人「獨立」進行挖礦作業其實相當困難，因此與擁有專業挖礦中心、便宜的電費、人事費、設備投資用資金等的專業挖礦業者共同進行的「合力挖礦」仍蔚為主流。

圖表1-2-21　挖礦類型

獨立挖礦	單獨挖礦	雖然可以獨占挖到的報酬，但是必須要備有專業、高價的設備（高風險，高報酬）。
合力挖礦	與其他挖礦者合作挖礦	將挖到的報酬按比例分配的形式（低風險，低報酬）。

從比特幣的角度來看,每個人都可以成爲挖礦者(因此,比特幣被稱之爲「公開型」),在日本方面,基於電費較高的理由,基本上要參與這項商業行爲較爲困難,其主戰場是在中國。

圖表1-2-22顯示出哪些挖礦者挖礦成功(交易是否經過驗證),第一名是AntPool(中國)、第二名是F2Pool(中國)、第三是BTCChina Pool(中國)、第四名是BitFury(美國),目前狀況顯示出中國挖礦者占了半數以上。

圖表1-2-22　全世界的挖礦分配(2015年12月時點)
※依Bitcoinity所收集到的公開資訊爲基礎製作

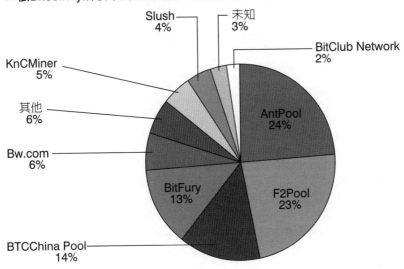

前述挖礦業者當中,還有製造銷售專用的專業機器(Application Specific Integrated Circuit, ASIC)給那些欲進行挖礦的組織或業者的公司存在(圖表1-2-23)。說穿了或許可以將銷售ASIC的公司

比喻成為當年銷售牛仔褲給49ers（1994年加州淘金熱時的淘金者們）的Levi's®公司。

圖表1-2-23　用來營運中國AntPool，由AntMiner所製造的ASIC（出處：Amazon）

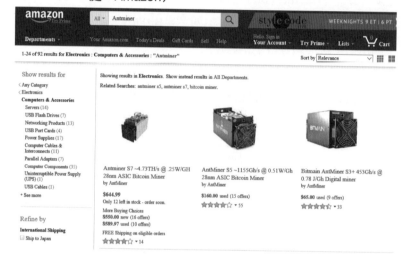

(B) 交易所

此商業模式與日本國內的交易所並無太大差異，從全球化觀點來看，最大的特徵是比特幣交易係以中國為主體。圖表1-2-24為全世界的比特幣交易所占有率，與本公司有合作關係的OKCoin（中國）、Huobi（中國）、BTCChina（中國）等三大中國公司，目前占全世界的90%。

圖表1-2-24　全世界的比特幣交易所占有率（2015/10～2016/4）

※依交易所公開資訊製作（參考資料：https://bitcoinity.org/
markets/list?currency=ALL&span=24h）

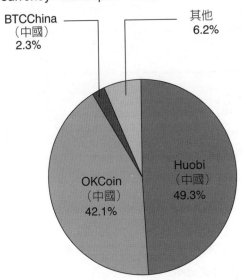

此外，如圖表1-2-25，2015年9月左右，全世界整體的交易量
急遽攀升。其中，中國Huobi的交易量也迅速提升，成爲中國勢力
躍進的原動力。推測該時期中國的股市大跌、人民幣貶值，行情不
好之際，中國的資金流入比特幣，這即是比特幣匯率上升的主要原
因。

結果當然是人民幣的交易量壓倒性地居多（圖表1-2-26），中
國的交易所，除了人民幣之外，也有進行美元的交易，如果將那些
美元也當作中國的勢力來計算，中國交易所可以說已經在全世界取
得壓倒性的占有率。日幣的交易量雖然也有增加，不過可惜的是，
從全世界的角度來看，根本無法占有一席之地。

圖表1-2-25　全世界的比特幣交易所交易量變化（2013/11/3～
　　　　　 2016/4/19）

※依交易所公開資訊製作

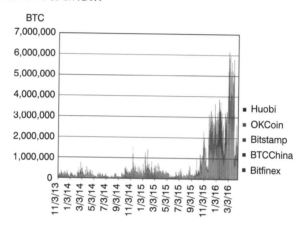

圖表1-2-26　與比特幣交易之各國貨幣占有率（2015/10～2016/4）

※依交易所公開資訊製作

（參考資料：https://bitcoinity.org/markets/list@currency
=ALL&span=24h）

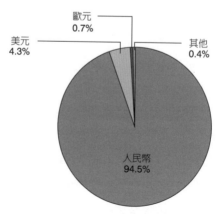

(C) 電子錢包

商業型態方面與日本國內相同。所以，在此僅介紹一些較具代表性的電子錢包服務（圖表1-2-27）。

圖表1-2-27　世界主要的電子錢包服務

服務名稱	特色
Blockchain.info	全世界最有名的電子錢包，使用者人數也是全世界最多
Coinbase	除了電子錢包以外，也在全球進行結算支付、交易所等業務
Circle	取得美國Bitlicense的大型電子錢包業者，可使用信用卡購買
BitGo	提供重視安全性的多重簽名式電子錢包服務

(D) 結算支付

結算支付的商業模式，如同在日本國內所介紹的部分，基本上商業模式相同。另一方面，與日本國內相比，不一樣的地方是，可接受比特幣結算支付的線上商家較多，也較多知名的網站（圖表1-2-28）。

圖表1-2-28　可使用比特幣結算支付的商家範例（線上）

Microsoft	軟體開發銷售
Expedia	旅遊行程預約網站
DELL	PC製造銷售
Overstock	綜合EC
Braintree	信用卡結算支付

此外，以餐飲店爲主的離線商家則大多以歐洲、北美公司爲主。「Coinmap」網站所提供的服務是運用熱度圖（Heat Map）呈現出離線商家的分布圖，讓人在視覺上比較容易理解（圖表1-2-29）。該網站於2016年4月26日時點統計出全世界約有7,700個的離線商家。

圖表1-2-29　離線商家分布圖（出處：coinmap.org）

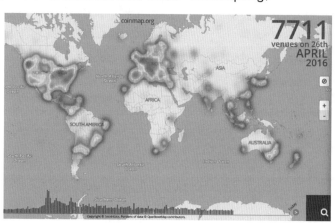

關於結算支付代收代付服務部分，兩大主要業者——美國BitPay、Coinbase擔心商家客戶數量的成長率不佳（圖表1-2-30），結算支付的金額亦有減少的傾向，因此這些大型企業目前正在進行商業模式轉換與組織重組（Restructuring）。

雖然可以看見利用比特幣進行結算支付的商業行爲，已經在全世界蓬勃發展中，然而，相關業者實際上卻還沒有發展完善，如果要滲透到一般消費者的生活，想必技術還需要更進步、對社會的認識還要更深入等，目前還有許多的課題存在。

圖表1-2-30　全世界可接收比特幣的商家數量變化（出處：
CoinDesk、StateofBitcoin2016、http://www.
slideshare.net/CoinDesk/state-of-bitcoin-and-
blockchain-2016-57577869/69-150k_Merchants_
Accepting_Bitcoin_Forecasted）

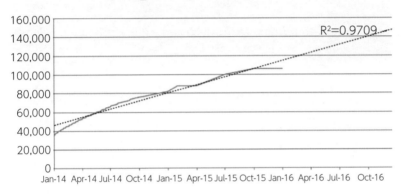

—— Total merchants accepting bitcoin　　---- Forecasted total merchants

(E) 匯款

　　在全世界的比特幣商業行為中，匯款都是屬於相當受到矚目的一種，然而，與日本國內同樣有著法律方面的障礙，目前還處於尚未正式化的狀態。

　　其中比較驍勇善戰的是菲律賓的新創公司（圖表1-2-31），如大家所知，菲律賓是海外工作者輸出大國，在海外工作的菲律賓人總數約有800萬人，對菲律賓的國際匯款金額超過2兆5,000億日幣（根據世界銀行報告書）。此外，在菲律賓無銀行帳戶者

（Unbanked）的比例約爲70%，因此能達成「容易使用既有金融基礎建設以外之方法」的條件。

圖表1-2-31　菲律賓的比特幣匯款服務業者

| Rebit.ph | https://rebit.ph | 與日本國内交易所BTBOX合作，建構出日菲之間的匯款架構 |
| Coins.ph | https://coins.ph | 在菲律賓國內，可以使用Hand to Hand等交付方式 |

今後，以西聯匯款（Westernunion）爲首，既有國際匯款服務業者之間的競爭將會更加白熱化，使用者可以好好期待手續費更便宜的國際匯款服務。

(F) ATM

這項商業模式與在日本國內的說明部分一樣。想要在出國旅行時使用的話，建議可以參照CoinDesk的「ATM Map」（圖表1-2-32）。

(G) 媒體

媒體的商業模式，全世界的情況並沒有太大的差異。最知名的媒體就是CoinDesk，該公司在全世界擁有雷電網絡（Raiden Network），因此資訊量想必是全世界最大的。雖然目前只有英語版本，可能比較不好閱讀，但是如果想要掌握世界動向，則相當推薦使用這個媒體。

話雖回來，不只是線上媒體，市面上也有紙本媒體雜誌《Bitcoin Magazine》。

圖表1-2-32　CoinDesk ATM Map

(H) 其他

在本章節，筆者還想介紹一個其實日本並不存在的商業模式——簽帳金融卡（可從銀行帳戶扣款，即時支付的專用卡，圖表1-2-33）。

圖表1-2-33　Xapo的比特幣簽帳金融卡樣本（出處：https://xapo.com/card/）

這種商業模式與一般的簽帳金融卡一樣，只是改用比特幣扣款，也可以用於全世界的VISA/Master加盟店家或是ATM。從使用者的角度而言，只是改用比特幣扣款，在使用情境方面都跟信用卡一樣，可隨心所欲地使用，扣款的比特幣會依結算支付時點的匯率轉換成法定貨幣，再進行結算支付。

■ 結語

「比特幣究竟為何物？」

這個問題在全世界引起各式各樣爭辯議論，是相當困難的一個命題。比特幣在不可逆的數位化洪流之中，有些人將其視為一種提供給全世界使用的貨幣，筆者認為比特幣「雖然不是真正的貨幣，但是卻具備貨幣的功能，是全世界共通的新興價值交換型態」，簡單來說，就是一種「網路化的錢」。目前其形態還相當原始，但是，隨著比特幣協定日夜不斷進化的過程，未來可能會出現令人想像不到的變化與產品吧！能夠開創這個未來的正是先前介紹過的新創公司們。

強烈期盼包含本公司在內，經過全世界新創公司菁英的多次研究試驗後，能形塑出更好的社會，讓人類再度向前跨出一大步。

圖表1-2-34　比特幣簽帳金融卡的主要發行服務業者一覽表

服務業者	URL
Xapo	https://xapo.com/
WageCan	https://www.wegecan.com/
ANX	https://anxpro.com/

2
章

比特幣的可能性與所需面對的課題

比特幣與個人、社會、國家的關係

比特幣＆區塊鏈研究所代表 大石 哲之

　　本章節將針對比特幣與個人、社會、國家之間的關聯性進行解說。所謂比特幣，不單是可以方便在網際網路上使用的一種金錢，預測將會在個人、社會、國家之間產生更大的影響。

　　接下來的社會可能會從中央集權型慢慢轉變成為分散型的自治組織系統，本章節將針對其可能性與比特幣之間的關聯性進行解說。如果想要根本地了解「比特幣」為何能夠從網際網路上各種貨幣中脫穎而出、備受眾人矚目，本章節應該可以成為有用的考察報告。

■ 以契約為中心的組織、由人類管理人類的組織

　　比特幣的架構被稱之為DAO。所謂DAO是分散式自治組織（Distributed Autonomous Organization）的簡稱，這是一種以往不曾存在過、概念新穎的組織型態。Distributed帶有分散、去中心化的意思，Autonomous則有自動與自律的意思，也就是說，DAO合起來的意思是「沒有中央管理者存在，是分散式（去中心化）的型態、自動且自律的自治組織」，這就是比特幣的架構。以下針對何謂DAO，並將DAO與既有的組織進行比較、說明。

──由人類管理人類的組織

　　讓我們思考一下目前既有的組織型態，例如：股份有限公司、NPO，或者是任何計畫的型態，營運組織這件事情，被稱之為管理，這表示一個組織裡不能夠缺少管理者。管理者的工作相當分歧，通常是管理他人、讓他人做事、評估業績、雇用他人等。也可以將其圖示化，如圖表2-1-1所示，正中央的是人類的管理者，管理者會向從業人員提出指示。構圖是處於中央位置的人類管理者，被人類的從業人員所包圍，目前一般的組織大多為這種型態。那麼，除此之外還有其他的管理統治形態嗎？

圖表2-1-1　現有的一般型組織

──由電腦進行自動化

　　如果要思考其他的組織型態，首先，會想到由電腦或是機器自動化的組織。

　　曾經，機器讓人類的勞動變得更有效率，另一方面卻也奪走了許多雇用機會。歷史教科書上也有記載，工業革命時，被機器奪走工作機會的人們發起了破壞機器的運動。現在也因為電腦化的關

係，減少雇用許多人類，改用電腦進行自動化。這些也波及到知識勞動者，例如：稅務申報的工作，甚至是汽車駕駛等，未來可能都會被機器所取代。這些事務改採自動化流程後，在組織上會有怎樣的變化呢？許多工作被機器所取代，那麼留下的人類就是要管理、維護這些機器吧！

例如：在現代化的工廠裡，已經不需要線上員工，生產直接改由機器進行運作。員工的角色並非組裝作業員，而是變成訂定生產計畫、讓機器運作、維護機器、使機器達到最適化狀態後生產等知識性的工作。

這被稱之為自動化（Automation）的組織，中央是人類管理者，被機器與自動化的業務流程所包圍（圖表2-1-2）。我們可以說現代化工廠都是採用這種型態。

圖表2-1-2　由機械生產的自動化組織

自動化

人類
（管理者）

機械

──DAO＝分散式自治組織

目前，在一般性的組織以及自動化組織裡，都是由人類位居中

心的管理位置。那麼，是否可以將人類替換成其他的東西呢？有沒有想過不是由人類，而是由機器進行管理的情形呢？象徵比特幣的DAO組織，就是以機器為中心、自動地進行管理，並且被人類所環繞包圍，採取一種與以往組織完全相反的型態。

　　DAO的中心並不是人類，而是規則、協定（Bitcoin Protocol）、契約（圖表2-1-3）。在比特幣方面，並沒有管理網絡的管理者存在，相反的，存在的僅是為了使比特幣網絡運作所制定的一連串規則（協定），那一連串的規則內，寫有比特幣的營運規則。具體來說，營運規則就是指匯款方法以及匯款驗證，由被稱之為挖礦者的人進行計算以驗證匯款的事務，挖礦者獲得比特幣做為該計算報酬，因應挖礦難易度，調整比特幣的報酬量，以及未來比特幣上限量等。

　　這一連串的規則位於組織的中心，使用者以及挖礦者就好像是圍著中心而存在。使用者以及挖礦者如果不依照比特幣的規則進行，就會被網絡拒絕而無法行使該行為。比方說，即使想要重複付款（Double Spend），也會因為不符合比特幣規則而遭到拒絕。有不當挖礦的區塊流入網絡時，該區塊也會被拒絕。

圖表2-1-3　分散式自治的比特幣型組織（DAO）

在比特幣的網絡中，並不適用於有中央管理者決定規則的方式，而是通通在外圍、互相監視是否有正確地運用規則、互相確認是否脫離規則，我們將這樣的組織型態稱之為「分散式自治組織」。DAO的中心就是規則、協定、契約，人類則環繞在外圍。

針對以上所說明的組織，藉由中心是由誰占據、又有哪些環繞在外圍的觀點來進行整理，可以分類為四種型態（圖表2-1-4）。

圖表2-1-4　組織型態BCG矩陣圖（出處：https://blog.ethereum. org/2014/05/06/daos-dacs-das-and-more-incomplete-terminology-guide/）

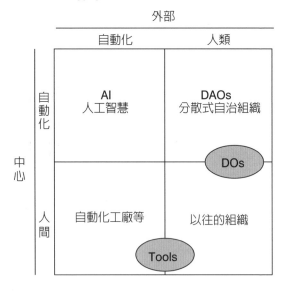

其中三種型態如下：

・中心放置人類、人類環繞在外圍，為「目前一般性的組

織」。

・中心放置人類、自動化環繞在外圍，為「自動化組織」。

・中心放置自動化（協定）、人類環繞在外圍，為「分散式自
　治組織」。

還有一種型態是中心放置自動化（協定、契約），機器環繞在
外圍，稱之為DAO的進化型，是由電腦完全自動化的組織，可以
說是AI的進化型。

◼ 比特幣為全世界第一個上市的DAO

野口悠紀雄先生在《虛擬貨幣革命》（暫譯）一書中，指出比
特幣是全世界第一個DAO。試著將比特幣比擬成一個公司來看，
我們可以將這個組織想像成是發行可以在網路流通的虛擬貨幣——
比特幣，並且進行帳簿管理、匯款驗證、確保安全性等一連串業務
的金融服務企業的「比特幣DAO」。這個比特幣DAO內的各個角
色如下：

首先，在這個比特幣DAO中，沒有CEO也沒有管理者，完全
沒有任何一個管理者會管理、命令、監督、評鑑從業人員，僅有
「規則」存在，告訴各個從業人員應該如何工作。這個規則，被稱
之為比特幣協定（Bitcoin Protocol），各個從業人員僅需遵從該規
則，完成自己的業務。

直接從業人員相當於挖礦者，挖礦者會根據「規則」努力不
懈地在比特幣網絡上進行匯款交易驗證這件重要的工作。挖礦者不

會接收到來自其他任何從業人員相關的指令，只會為了比特幣的報酬，而自行進行著工作。

依照規則進行挖礦這件工作，並且被認可後，即可創造出比特幣，這些比特幣相當於挖礦者的報酬（工資），而且，這個由挖礦者所努力維持的網絡，可以讓一般使用者使用。使用者即為比特幣DAO的顧客，顧客會委託匯款，而挖礦者則是去進行該交易驗證。

比特幣DAO相關人員等各個角色與地位，簡單說明如下：

──比特幣DAO相關人員之角色與地位

CEO或管理者：不存在（相當於比特幣協定本身）。

從業人員：進行交易驗證，維持網絡的挖礦者。

給從業人員的報酬：發行新的比特幣。

顧客：使用比特幣匯款的使用者。

股東：持有比特幣的所有人。

股票：比特幣。

股票上市：已上市，在全世界的交易所內建立與法定貨幣的交易市場。

資本收益：比特幣的價值提升。

經過這樣的思緒整理，有沒有覺得比較清楚了呢？

也就是說，比特幣是全世界第一個，也是全世界最大的可自動運作匯款交易服務公司，雇用來自全世界的挖礦者（由挖礦者自由參與），再以比特幣支付報酬。所有行為皆是自動且去中央化的，雖然沒有接受任何人的指示，也沒有CEO，但是比特幣自2009年開始以來，無論遭受多少的攻擊，這個網絡也都沒有被擊潰，並且持

續提供匯款服務。

再者，用來展現比特幣DAO公司企業價值的比特幣，能夠24小時在全世界的交易所進行交易，因此在某種意義上，比特幣DAO公司也可以說是已經上市了。

相當於股票的比特幣會隨著比特幣的網絡擴大、使用者持續增加，而增加長期性的價值。持有比特幣的人，可以取得比特幣增值的資本收益（Capital Gain）。

若把比特幣當作一間公司來看，比特幣是全世界第一家自動營運的企業，也可以說是全世界第一家自動化企業上市的案件，這種DAO的組織型態非常新穎。在比特幣方面，DAO已經可以提供匯款服務，今後想必還會有可以提供其他服務的DAO誕生。

例如：「以太坊」號稱「世界計算機（The World Computer）」，能夠提供無法竄改、可驗證的電腦程式化基礎或是應用程式基礎的DAO（關於以太坊的部分，將在第5章中說明）。在以太坊的基礎上，有各式各樣的DAO在運作著。例如：Augur這個平台被稱為分散式的未來預測市場，使用者可以利用加密貨幣去博弈未來事件的結果，Augur並沒有莊家存在，相當於DAO，只是營運該平台；Spock.it也沒有中央管理者，就可以實現物品租借的服務，物品直接與以太坊的區塊鏈連結，自動收取金錢，並且進行物品的解鎖。

我們還可以想出其他各式各樣的DAO，例如：分散式交易所DAO、提供分散式保險的DAO、分散式仲介金融貸款DAO、可進行分散式投票的DAO、可進行分散式資源分享的DAO，甚至與智能合約的技術組合後，又可以再設計出各式各樣的DAO，並且使之程式化。

■ DAO所提供的事前規範型治理方式

藉由這種DAO營運，最大的優點在於可以事前設計（應遵守的規定）、事前嵌入規則，例如：在比特幣方面，最重要的規範（Compliance）就是貨幣的發行量。比特幣的發行量上限為2,100萬枚。這2,100萬枚的價值，在設計時就已經設定好了，任何人都不能任意更改。在比特幣的世界裡沒有CEO存在，所以也沒有任何人具有強制力得以變更。

如果想要變更這個規則，必須取得所有參與比特幣網絡中的挖礦者同意，這個非常重要的設計架構已經事前嵌入規則之中，無法隨意操控，因此得以實現這樣的規範。

比方說，使用比特幣的多重簽名交易功能（Multi Signature，沒有複數簽名就無法執行交易），現在還可以設計成以下這種交易方式：

· 帳戶A裡有10 BTC，必須要取得A、B雙方同意才得以使用。
但是，在2020年4月以後，只要A單獨同意即可使用。

這部分也可以當成一種信託的概念。例如：設定是要給A作為學費等的基金，在指定日期以後，A即可自行使用，但是在這之前，未經監護人（B）同意不得使用的交易模式。這種智能合約（可以用電腦程式型態撰寫的契約）可以事先規範好交易使用條件、日期等，並且嵌入交易本身。

在這種交易情況下，如果沒有A與B雙方的簽名，就絕對無法

動用該資金。如果沒有雙方簽名，卻執意進行交易，就必須要破壞掉整個比特幣網絡該交易才得以被驗證，因此，這個契約的規範與執行強制力可以說是非常地強大。還有一件極為重要的事情，那就是該契約本身，只要取得當事人彼此共識即可建立該筆交易，而且該契約會直接嵌入交易內，與該交易合為一體、密不可分，這是非常新穎的做法。如果是過去的金錢交易，會將這些約定的事宜彙整成契約書，再透過信託銀行等施行擔保，因此還必須要信任其他公司才行，然而，即便如此還是無法阻止捲款潛逃、被任意胡亂使用等違反契約之情形發生。因此，在因應對策方面，對於違反契約者，只能仰賴外部強制力，像是課徵罰金（Penalty）、提出刑事訴訟等。

利用比特幣建立交易時，則不需要信託銀行、警察、法院等系統外的強制力，僅由當事人彼此決定必須確實履行之契約內容即可。

▪ 智能合約與執行力

當這種契約形式成為可能，就必須改變目前對於法規制度與治理（Governance）方面的思維。目前的交易架構傾向於性善說，基本上是信任人類的，相反的，如果有人做壞事就予以懲罰。此外，為了強制執行相關懲罰，必須要有第三方機構介入，例如：法院或是警察等公權力。

大家可以思考一下2014年所發生的Mt. Gox事件。該事件的結局，最後判定是經營者侵占，也就是說，就目前的組織架構而言，

能夠預防經營者有不當念頭的手段有限，由於沒有其他的辦法，所以僅能採取法規制度與罰則。

為了打造一間安全的交易所，必須加上像是資本額要在多少元以上、加入第三方作為監督、交易必須向政府報告等種種法規制度，並且受到政府監控，還要視必要情形加諸罰則，以確保受到統治管理（Governance）。

然而，在以比特幣為首的去中心化（分散式）社會中，可以不需要這種治理。如同先前的案例，比特幣的交易，僅需在交易主體上輸入交易所需的必要簽名數量或是日期等條件即可。只要比特幣的網絡沒有瓦解，這個契約就絕對不會失效，不會出現不當的行為。此外，在契約履行方面也是，只要完成所需的必要條件，比特幣網絡就會自動進行驗證，一經驗證，世界上任何人都無法顛覆，也完全不需要第三方的強制執行力。

也就是說，理論上只要無法做出不當交易，就不需要外部的法規制度或是罰則。此外，由於交易本身具備自動執行的能力，因此不需仰賴外部執行機構，即可履行交易。只要這種型態的契約能夠普及到各個領域，那些法規制度、治理方案等可能就必須要有完全不同以往的配套措施。

■ 讓整個社會不以信任為前提的可能性

在比特幣的世界裡，沒有警察、沒有法院，也沒有強制機構等存在。所有的規則都在事前就先決定好了，比特幣的匯款、交易驗證都會依據該規則自動進行，即使是中央集權也無法覆蓋掉該交

易。

如果要將全世界分類成「性惡說」或是「性善說」，比特幣的世界簡直就是以「完全性惡說」所成立的架構，在比特幣協定裡，是假設沒有可以信任的人，即使有假的或是詐騙的資訊在網絡中流傳，都可以被檢測出或是排除掉，只留下正確的東西。不過當全體成員都說謊時，架構也是可以成立。

這可以說是一種「零信任系統（Zero Trust System）」，從日文直譯就是指「不信任任何事物的系統」。所謂的「零信任」就是運用該系統時，即使前提是毫無信任可言，但是當有任何人進行不當行為時，系統依然能夠正確運作的意思（專業用語）。

目前，我們的許多交易都是以信任為前提，存錢、匯款、締結契約時，都要信任銀行、信任仲介者，或是為了執行，偶爾也必須依靠法院或是警察的力量。

這樣的社會只能夠在可以預測信任度的範圍內進行社會發展，如在小村莊內的交易，只要知道彼此過去的信用，有不當行為發生時，就會被列為「村八分」（日本早期社會的一種不成文規定，在人一生重要的十項活動中，如果有人不能遵守其中八項準則規定，此後其他人只會在其發生火災和葬禮時才會出面幫助，意味著不遵守規定者必須被迫和周遭生活環境中的每一個人斷交，日本現代社會中仍有這種團體意識存在），即可預防交易不當的情形。但是在全球化時代下，沒有交易過的對象，也可以發生以一次為限的交易，然而，這種跨境（Cross-border）交易，如果沒有驗證信用的方法，往往無法擔保其執行力。

舉個簡單的例子，要與完全沒有見過面的外國人士在網際網路上進行交易。因為不認識對方，也沒有那位人士的評價資料，即使

付了款也不能保證商品一定可以送到自己手中，如果真的被騙，就算想要拿回那筆金錢，由於對方在國外，也不適用日本的法律。在這種交易狀況下，只能夠全權信任對方，即使設立仲介人，也只能夠信任對方，並且設立許多信用前提條件，然而，也只有在對方願意誠實履行所有義務時，才可以平安無事地完成交易。

使用加密貨幣技術後，進行這種交易時或許就可以免除這些信用背書。當今社會，往往被迫要在各種情況下去信任一些其實根本無法信任的人，在許多情況下，往往會因為對方背信，而必須承受大量的損失。再舉一個淺顯易懂的例子，年金制度就是一個典型案例，年金制度是因為眾人信任國家，而且如果沒有把錢存進年金，就無法運用金錢的一種架構，但是國家卻隨意變更制度，完全無法保證之後的人們可以取回。

加密貨幣、智能合約技術、DAO在這樣的社會裡是必要之惡，或許可以因此替代「以信任為前提」的交易。

如此一來，社會系統本身也可以朝向更加分散的方向，從原本的中央集權機構，或是必須仰賴第三方強制執行力的規則或罰則等監控系統，變革成為僅依據分散式規則或是事前的規範進行營運，成為不需以信用為前提即可進行交易的架構。

- 中央集權 　　　　　→分散（去中心化）、自律
- 必須以信任為前提 　→不需以信任為前提
- 運用規則、監控、罰則 →不當行為不可進行交易的系統
- 由第三方強制執行 　→由網絡本身自動執行

社會很可能會朝這種方向變動，首先，預估將會從加密貨幣

的世界，以金錢開始發展成爲分散型，經過長時間運作，隨著社會上各式各樣的情況皆可採用加密貨幣技術或是DAO後，社會或是治理的型態或許就會變成分散型，甚至可能出現不需中央權力、管理者，或是執行機關即可治理社會的架構。特別是在全球化交易方面，比起以往人治或是必須依循規則的交易基礎，由科技與數學所擔保的交易基礎，更能夠爲人們所信任，進而驅逐掉其他系統。

目前我們的統治機構與治理型態已經接近了某種臨界點，中央集權的架構有許多致命性的弱點，在過往的歷史上許多重大悲劇的發生都是因爲權力集中在單一處，並且錯誤行使權力所導致。我們在進行社會營運時，往往只能信任權力方，僅能夠祈禱他們都是好人，然而，那樣的期望卻經常事與願違。

我們都期待權力方是好人，並且只能夠信任自己的託付，因爲除此之外我們不知道還有什麼辦法可以營運社會、讓交易成立。或許透過加密貨幣、智能合約、DAO等技術或是基礎，可以協助產生新的治理架構、建構出新的社會系統。

▪ 比特幣存在的意義

極端來說，比特幣就是世界首次出現的「網際網路上的金錢」，或者，也可以說，比特幣就是可以在網際網路上交易的「價值」。各位可以掌握一個概念，所謂網際網路是指「不需要特定管理者、沒有處於特定的權力支配下，由全世界人們所維持的民主」。筆者觀察比特幣所產生的衝擊與意義如下：

關於比特幣所產生的衝擊，網景（Netscape）創辦人——馬

克·安德森先生曾在一篇名為「比特幣爲何重要？」的部落格網誌中提出非常中肯的言論，如各位所知，網際網路的瀏覽器提供了讓我們方便檢索資訊、容易共享資訊的手段，完全改變了世界，而馬克·安德森先生針對比特幣的重要性，描述如下：

「在最基本的層級上，比特幣是一種計算機科學的突破。比特幣讓網際網路使用者初次能夠將固有的數位財產移轉給其他人，而且該交易是安心安全的，任何人都可以驗證該過程、任何人都無法懷疑其正當性。要說這個突破有多麼重要，相信怎樣的描述都不會過於誇張吧！」

透過網際網路，我們幾乎可以零成本、即時的共享全世界的資訊。並非是由報紙、電視等公司所控制的媒體，全世界任何一個人發出的訊息，都可以直接傳遞給全世界的人們。受到網際網路資訊的直接性與分散式的衝擊，即使現在筆者尚未完整說明，各位應該也都已經知道了。

然而，在金錢或是價值方面，會是怎樣的情形呢？

資訊可以在一瞬間散布到全世界，金錢卻仍然被關在國境內，每個國家發行個別的貨幣，並且分別在各自封閉的銀行系統中被管理，無法互相連接。甚至如果想要跨境移動金錢，則必須經過好幾個銀行各自的電腦系統，不但耗費成本也花費時間，簡直就像是網際網路時代之前的過時資訊系統。

當資訊都已經可以環遊世界了，價值的移轉與價值的交換卻還處於古老的系統之中，成本高、速度慢、無法網路化，比特幣在價值移轉方面，就如同網際網路之於資訊流通般，可能可以產生一些革命性的衝擊。把比特幣想成是有價值的網際網路版貨幣應該會比較容易理解，那麼，具體而言，可以想到會帶來哪些衝擊呢？馬

克‧安德森先生提出比特幣已產生的四大創新領域。

· 國際匯款
· 無銀行帳戶（Unbanked）
· 公共支付（捐款）
· 小額付款（Micro Payment）

　　除了上述這些領域之外，也讓人期待比特幣可以再應用至其他各式各樣的領域，上述這四種是比較容易想像得到、會受到衝擊的領域，分別簡單解說如下。

■ 比特幣所帶來的衝擊

── 國際匯款

　　在比特幣的應用方面，最初被想到的就是低成本的國際匯款。透過比特幣，將能夠實現快速、確實、成本低廉的匯款需求，應用在像是寄送生活費等方面。例如：印度人會到全世界工作，再匯款給祖國的家人，每年匯回印度的金額超過8兆日幣。然而，這些匯款，有個相當大的問題，那就是匯款金額較小，最常見的是每次僅匯款1萬日幣左右，不論那是否為重要的生活費，只要使用現有的銀行系統，每1萬日幣會被收取15%到20%的手續費。

　　這種不合理的背景是因為目前的銀行都建構了自己的系統，進行國際間的匯款時，有時候必須透過好幾家銀行，此時就會產生手續費。

如果是使用比特幣，即可24小時、365天、在任何場所，幾乎即時地傳遞「價值」，簡直可以說就是一種網際網路式的價值移動方法。

──無銀行帳戶（Unbanked）

所謂Unbanked，即是指無銀行帳戶的人，根據麥肯錫管理諮詢公司（McKinsey & Company）的調查，世界上約有24億以上的人沒有銀行帳戶，這些人沒有與近代銀行系統接觸的管道。因為沒辦法與銀行接觸，所以會遇到各種不便的情形。

概括而言，這些人大多位於低所得階層，卻必須被課徵高額的手續費，因此在價值的儲存與移轉方面會受到很大的限制。

從國際競爭力的觀點來看，世界上本來就會有貨幣不強勢的國家。當我們說到「惡性通貨膨脹」（Hyperinflation）這個詞彙時，經常會順便被提及的辛巴威共和國（Republic of Zimbabwe），曾經發生發行面額100兆鈔票的事件。其他還有像是反覆不履行債務（Default）的阿根廷等，有不少國家都處於貨幣不穩定的狀態。

也就是說，這些國家的人民選擇有限，除了無法信任銀行貨幣、有通貨膨脹問題，還有價值的儲存或是交易方法都極為有限。這些國家的人們，如果改採比特幣或許就能夠自由地進行儲蓄、匯款，並且與外面的世界連結了。

──公共支付（捐款）

2015年，尼泊爾發生大地震。喜馬拉雅內地的災情立刻就傳遞到你我耳邊。我們可以透過網際網路即時取得喜馬拉雅山內的資

訊，幾乎零成本，而且是一瞬間。然而，要移動價值時，卻必須耗費大量的程序與手續費，如果想要捐款給受災戶，必須透過慈善團體捐贈，也就是要先匯款給慈善團體，才能再傳遞給當地人，必須經歷好幾層的中間組織，除了耗費時間，其中或許也有好幾%的錢消失於作業成本之中。

　　下面這張照片是尼泊爾受災戶在一間臨時避難帳篷中，提供其比特幣位址（Address）的樣子（圖表2-1-5）。只要掃描這個QR Code，就能夠將比特幣傳送至該比特幣位址。

圖表2-1-5　募集比特幣捐款的尼泊爾男人（出處：http://imgur.com/gallery/36NV7）

也就是說，他可以直接收到比特幣，不需要經由任何的中間團體，即可從全世界任何人的手中，直接在自己的比特幣位址取得比特幣。這樣的直接性與即時性，就是網際網路的特性。

有一個叫做Bitnation的NPO組織，開始推動針對敘利亞難民發行比特幣VISA金融卡的計畫，沒有固定住居、身分證的難民，當然無法開設銀行帳戶，這些被銀行體系拒絕於門外的難民，手上的現金如果無法存入，也就沒有任何人可以與之交易。

要解決這個問題的方法是，將比特幣與VISA結合，比特幣VISA金融卡，可以綁定特定的比特幣位址，接收匯款，只要知道世界上任何一個人的比特幣位址，就可以直接匯款給他。受贈的比特幣可以自動兌換成歐元，或是存入VISA帳戶，難民們可以在VISA加盟店內使用這張金融卡，也可以透過ATM領出歐元現金。

──小額付款（Micro Payment）

在網際網路上，消費者也兼具發訊者的角色，許多有用且有幫助的即時資訊都是由全世界的網際網路使用者直接發送。許多創作者或是評論家可以透過部落格（Blog）、推特（Twitter）、YouTube等媒體，發表許多有益的數位內容，然而，收取利潤（Monetize）的模式往往受到限制。除了張貼廣告之外，根據創造性的活動內容，直接產生收益的方法也有限，因為透過目前銀行系統的付款成本太高。

看一次動畫1元日幣、聆聽音樂2元日幣等，目前尚未實現這種極少額度的支付方法，若全世界的使用者在每次使用服務時都能即時支付，就可以回收得到這些金額，許多創作者或許就能夠直接藉

此維持生計。

　　如果是了解比特幣架構的人，或許會提出反對，認爲比特幣不適合小額支付，因爲比特幣仍有最低手續費（目前約爲5元日幣），如果只支付1元日幣，結果反而造成要負擔更高的成本。此外，也有人認爲如果全世界的人都使用小額付款，網際網絡的容量將會因爲不足而導致破局（Puncture）。

　　然而，爲了實現比特幣的小額付款，目前已有人提出一種新的協定（Segwit, OP_CSV），並且已經獲得正式採用，在此就不做詳細解說了，因爲幾乎每天都有像是Payment Channels、閃電網絡（Lightning Network）等小額付款技術被開發出來。如果這些技術都能夠實現，網際網路上就會有無數種支付方法縱橫無礙地進行著，即可實現利用網際網路傳送接收價值的想法。如同先前在物聯網中所提到的，機器對機器（M2M）的支付方式也已進入我們的眼簾。

　　這樣一來，比特幣就會有各種創新的可能性。在這些可能性當中，要從實用性等級完全達到解決全世界課題的程度，雖然尙未實現，但是透過許多技術開發，比特幣的網際網絡與協定日新月異，許多想要解決這些課題的創業家開始使用比特幣，努力想要提供世人眞正有益的服務。網際網路的世界如此，在比特幣的世界裡也一樣，技術人員與創業家都扮演著極爲重要的角色。

比特幣與法律

西村Asahi法律事務所律師　芝　章浩

■ 前言

　　隨著加密貨幣的普及與發展，明確的法律規範態度顯得日益重要。本章節係以最具代表性的加密貨幣——比特幣爲例，從其在法律規範方面特別重要的三個觀點，即私法、金融法規、租稅制度進行解說。

■ 比特幣與私法

　　在用於規定「民」與「民」之間法律關係的私法方面，特別會造成問題的是「持有」比特幣時的法律關係、使用比特幣進行交易時的法律關係，以及比特幣有不當匯款時的法律關係。

　　比特幣中沒有管理者存在，因此，並未存在任何人可以約束比特幣持有者履行任何義務。所謂「持有」比特幣，係指可以將綁在固定位址上的比特幣，利用該位址的相關密鑰，透過被稱之爲區塊鏈的P2P網絡記錄在公開帳本上，並且可以傳送至任意位址的狀態。也就是說，比特幣的本質是對於密鑰內的資訊具有排他性支配，而這種狀態在法律方面該如何評估，即是最初要面對的問題。其中，該如何評估是眞正要使用比特幣的交易或是不當傳送，也是

一個課題。

(1) 外國法律

在「持有」比特幣時的法律關係方面，可能是筆者才疏學淺，據悉目前各個國家尚未有明確的法令或是判例存在[註1]。話雖如此，所謂的「持有」比特幣，如前所述，只不過是可以影響透過P2P網絡、記錄於公開帳本上所需的密鑰資訊而已。持有比特幣這件事情並未有任何契約依據，也沒有伴隨任何權利義務關係，因此並不像有價證券或是電子錢包，會與特定人士產生權利義務關係，大致上可以想成是雙方擁有共通的立場。

另一方面，關於持有的比特幣餘額是否存在所有權，則沒有一定的共通見解。認可無形體物件所有權的國家或地區，或許對於該所有權抱持著肯定立場；另一方面（與日本法律相同）如果遇到僅認可有形體物件所有權時，就會被否定。具體而言，這些究竟還會產生哪些差異，必須因應各個法律制度進行慎重地檢討。

(2) 日本法律

「持有」比特幣的法律意義

日本方面，法令或是法院判例尚未明確定義「持有」比特幣時的法律關係。

話雖如此，如前述所謂的「持有」比特幣，只不過是可以影響透過P2P網絡、記錄於公開帳本上所需的密鑰資訊，對於持有比特幣這件事情並未依契約伴隨著任何權利義務關係。因此，我們可以明確知道比特幣與有價證券或是事前支付型的支付方法（電子錢

包）等有所不同。目前，根據日本2014年3月所舉辦的第186屆國會政府答辯中指示比特幣並非可表彰（象徵）權利之物件。

此外，日本法律上的所有權對象僅限於有形體的物件，由於比特幣並非有形體的物件，所以並非所有權的對象。針對這點，即使沒有刊載於東京地方法院平成27年（2015年）8月5日（平成26年（2014年）（ワ）33320號）判例集的內容當中，也已被明確表示。

從這些狀況來看，至少在現行的日本法律上，認定所謂「持有」比特幣的狀態，係指透過密鑰的排他性管理，獨占可發送至與該密鑰相關、所綁定之任何位址之事實狀態。

比特幣的法律保護

然而，這些並非意味著「持有比特幣」或是「使用比特幣的交易」沒有受到法律上的保護。

首先，舉例來說，透過不當檢索密鑰、未經持有比特幣當事人許可隨意傳送時，在日本法律上，不法行為的保護對象不僅是「權利」亦包含「法律上受保護之利益」（民法709條），在此可視為包含因持有比特幣所產生的利益。因此，如前述的情形，受害者依法可對進行不當傳送者以不法行為之理由（雖然會有可否收集到適切證據之問題）請求損害賠償，對於收取不當傳送內容者亦可請求返還不當所得。

此外，由於可以承擔「傳送比特幣所產生的債務」，因此使用比特幣的各項交易（比特幣與法定貨幣或其他加密貨幣的兌換、比特幣的貸放款、以比特幣購入的商品服務、比特幣期貨交易等）可依有效且具有法律約束力的契約進行。如此一來，交易雙方如有違

反契約上的債務時（例如：應匯出比特幣卻未匯出時、未提供以比特幣對價購買之商品或是服務等情形），可請求對方履行該債務，或是可依債務不履行之理由解除契約或是請求損害賠償，這些基本上都是可行的，就算對方相應不理亦可提起民事訴訟。然而，即使獲判對方必須依法匯出比特幣，要強制匯出比特幣這件事情本身卻有技術上的困難，實際上請求損害賠償會比較適合這樣的情況。

法律上作為結算支付方法之有用性

　　總結來說，比特幣無法表彰其權利，且無法成為所有權的對象，因此持有的比特幣實際在法律上並不以任何人所屬物的狀態存在。如此一來，因為某人進行結算支付而使某人收取到匯出的比特幣時，與收到他人金錢支付的情形一樣，該比特幣本身不會在意對方是否為真正需要匯出比特幣的人，或者實際上是否為第三方，皆視為完成結算支付。因此，從結果來看，與依「貨幣所有與占有一致原則」的實體金錢貨幣情形相同，可以作為結算支付的手段。比特幣在其架構上雖然受到質疑，恐怕未能確保完成結算支付（可視為交付銀行券（Bank Notes），具有最終可完成結算支付的性質），但是因為（至少在日本法律上）不受法律制約，目前被視為一項專門的技術課題。

預託對象破產時的保護

　　另一方面，比特幣也和實體金錢面臨了同樣的問題。

　　在實務上，做為購買比特幣的媒介以及進行結算支付的交易所，為了讓顧客在下單買賣比特幣契約成立時，能夠迅速且確實進行結算支付，一般的處理方式是會先預託顧客的比特幣。然而，顧

客在交易所預託比特幣時，顧客僅擁有可以對交易所要求返還預託比特幣之債權，對於該預託之比特幣本身卻沒有任何權利（比特幣本來就沒有任何權利存在）。因此，一旦交易所破產，顧客就無法對預託的比特幣行使取回權，從實體金錢的角度來看，要求歸還比特幣的債權，可能會受到債權切割，這樣思考角度非常站得住腳。在Mt. Gox破產執行程序上，破產管理人並不承認預託比特幣顧客的取回權，並且將其視爲破產債權的債權切割對象，這個部分可以用前述的思考方式來說明。所以，前述東京地方法院對於Mt. Gox的破產程序，也只不過是否定了顧客在所有權上的取回權，然而，請注意（包含所有權以外之依據）取回權基本上是不容否定的。

從顧客資產保護的觀點來看，可以考慮採用幾種方法，例如：藉由可將密鑰分割成好幾副密鑰的多重簽名交易功能（複數簽名）技術方法，只要行使三個密鑰中的兩個即可傳送比特幣（所謂的2 of 3），將這種密鑰一個交給顧客、一個交給交易所，另一個則是接受顧客委託的可信任第三方，分別進行管理。在使用多重簽名交易功能的狀態下，顧客正常會透過交易所進行比特幣的傳送，但是當交易所破產，顧客即可藉由該第三方的協助實質取回比特幣。此外，也可以考慮採用將顧客作爲受益人的信託，採取分別管理的方法。在信託法的解釋方面，比特幣是否可以作爲信託這點尚存有疑義，但是如果可以在信託契約內容上下點功夫以因應這個部分，也不是不可能達成的事情。更進一步來思考，不論如何如果想要實現這件事情還有各式各樣法律面、實務面的障礙，從現在的角度看來可以說都是未來所需面對的課題。

◤ 比特幣與金融法規制度

在金融法規制度中，對業者而言最重要的是使用者保護法以及洗錢防制與打擊資助恐怖主義（AML/CFT）解決方案。

(1) 國際共識

目前國際上針對比特幣相關的金融法規制度，特別是AML/CFT解決方案方面的討論持續進行中。

在擔心淪為「伊斯蘭國」（Islamic State, IS）等國際恐怖主義資金調度的背景下，2015年6月G7於德國艾爾莫城堡（Schloss Elmau）所舉辦的高峰會領袖宣言中表示「包含虛擬貨幣以及其他新興支付方法的適當法規制度，為了確保擴大所有的金融流動透明性，應採取更進一步的行動」，同時防制洗錢金融行動小組（FATF）也公開發表Guidance for a Risk-based Approach to Virtual Currencies（以下簡稱FATF Guidance），要求各國針對可轉換型的虛擬貨幣（Convertible Virtual Currency）的交易所必須依循FATF勸告，導入AML/CFT解決方案（包含登錄、許可證制度）。可轉換型的虛擬貨幣包含中央集權型（Centralized，有管理者存在）與分散型（Decentralized，如加密貨幣，沒有管理者存在）兩種，另一方面，線上遊戲內資產等非可轉換型的虛擬貨幣除外。此外，如電子貨幣等可藉由法定貨幣顯示其價值者，原本就被排除在虛擬貨幣的定義之外。

依據FATF Guidance，包含日本在內的各個國家皆著手於針對可轉換型的虛擬貨幣交易所導入AML/CFT解決方案。

(2) 外國法律

比特幣相關金融法規制度在各國、各地區有很大的差異。

首先，禁止使用比特幣的國家有俄羅斯、孟加拉、玻利維亞、印尼。

此外，禁止透過金融機構進行交易比特幣的國家與地區則有中國本土、約旦、越南。歐盟方面，為了抑制透過金融機構的比特幣交易，也採取了臨時禁止措施，並且向監督加盟國之有關當局提出勸告。

在使用者保護法方面，明確表示既有的使用者保護法（以及AML/CFT解決方案）適用於使用比特幣等加密貨幣於特定事業之國家／地區，其中有德國、法國、盧森堡、瑞士、瑞典、加拿大以及美國部分州等；已導入比特幣等加密貨幣之新興使用者保護法（BitLicense）國家／地區則有美國紐約州。除此之外也有數個國家／地區希望能夠藉由立法，導入相關法規制度。

此外，有些地方並未以使用者保護法為前提，僅接受AML/CFT解決方案，表示適用既有AML/CFT解決方案主旨的國家／地區有美國、中國本土、瑞士、愛沙尼亞；藉由立法導入的國家／地區則有加拿大與曼島，香港的交易所則表示願意遵從舉報可疑交易之義務。除此之外，還有幾個國家／地區的前提是不透過立法的方式訂定使用者保護法，僅期望導入AML/CFT解決方案。

(3) 日本法

A. 現行法規制度概要

現行法律在金融法規制度上，與比特幣相關的部分是2014年3

月舉行的第186次國會之第2次政府答辯，以及2016年2月舉行的第190次國會政府答辯（以下統稱「政府答辯」）暨自由民主黨IT策略專任委員會資金結算支付小組委員會〈因應以比特幣為首之「價值紀錄」相關【中間報告】〉（2014年6月，以下稱之為〈自民黨中間報告〉），已有了一定的明確度。

　　從政府答辯以及〈自民黨中間報告〉內所透漏的意思表述來看，比特幣並不是「貨幣」（法定貨幣）也不是金融商品交易法上的「有價證券」，因此，比特幣的買賣、代理、媒介、間接代理、將比特幣當成原始資產的衍生性金融商品（Derivatives）交易、比特幣的借貸、受理預託比特幣、在預託比特幣顧客之間移轉比特幣等業務，並不需要遵從銀行法、資金結算支付相關法律（以下稱之為「資金結算支付法」），或是金融商品交易法之使用者保護法（不需許可證或是登錄），也不需要遵從以防治以犯罪方式移轉收益之相關法律（以下稱之為「犯收法」）為依據之AML/CFT解決方案。此外，比特幣交易所對於使用者所存放的金錢，係以交易之目的受理預託，當交易所沒有資金滯留時，亦不符合受理出資、預存金以及利息等管束相關法律（以下稱之為「出資法」）第2條第1項規定之「預存金」條件。

B. 新法規制度概要

　　日本政府方面，針對Mt. Gox破產事件與「FATF Guidance」相關檢討結果，以及依2015年12月22日公開發表之金融審議會〈提升結算支付業務等層級之相關工作小組報告～提升結算支付業務層級之策略性架構～〉（以下稱之為〈結算支付WG報告〉），並未向交易所建議應導入①使用者保護法與②AML/CFT解決方案。日

本政府遂於2016年3月4日向國會（第190次國會）提出「因應資通訊技術進展等環境變化，應修改部分銀行法等法案」（以下稱之為「本法案」）^{（註2）}。

　　本法案中針對導入前述①②法規制度，係以修正資金結算支付法與犯收法因應之，概要如下。依據本法案修正後之資金結算支付法與犯收法，以下分別稱作「新資金結算支付法」與「新犯收法」。

● 「虛擬貨幣」的定義

　　在新資金結算支付法中，包含比特幣等加密貨幣，在概念上即定義為「虛擬貨幣」（新資金結算支付法第2條第5項、第6項），該內容相當複雜，茲整理如下。

(a) 新資金結算支付法第2條第5項1號對於虛擬貨幣之定義

　　①購入、借貸物品，或是接受勞務提供時，可對不特定者使用，作為這些價值的代價。

　　②以不特定者為對象，用來進行購入或是銷售等行為。

　　③具有財產價值。

　　④可藉由電子器材等其他物品，以電子式方式記錄。

　　⑤不屬於本國貨幣或是外國貨幣，亦非「貨幣資產」。

　　⑥可藉由電子資訊處理組織進行移轉。

＊ 所謂「貨幣資產」係指可以用法定貨幣來表示其價值，或是可以藉由法定貨幣履行其債務之資產。再者，利用貨幣資產履行債務等所產生的資產亦視為貨幣資產。

(b) 新資金結算支付法第2條第5項2號對於虛擬貨幣之定義

　　①以不特定者為對象，可與(a)的虛擬貨幣互相交換。

②與前述(a)③～⑥內容相同。

　　這個定義可以思考成是為了因應FATF所定義的可轉換虛擬貨幣。也就是說，不需要去管它是中央集權型，還是非中央集權型（如比特幣等加密貨幣）。另一方面，根據前述(a)⑤的定義，並不包含可與法定貨幣或是與一定金額之法定貨幣交易（可做為換匯交易手段）的數位貨幣，根據前述(a)①等，通常也不包含線上遊戲內貨幣或是電子貨幣等預付式的支付方法。此外，前述(a)①、②與(b)①並非指「不特定且多數者」而是「不特定者」，因此流通性較低的加密貨幣也被視為包含在「虛擬貨幣」定義內。此外，要注意的是即使是僅可以在比特幣之間進行交易的艾特幣（Alternative Coins, Altcoins），也屬於(b)。其他，因個人興趣所發行、無法期待有任何功能的電子令牌，因其稀少性且具財產價值，可以在不特定者之間成為買賣對象時，或是將在該時點下無法成為所有交易對象之電子令牌進行代幣眾售（Crowdsale，開發新興服務時，創投公司等會預先販售給某些預期未來此電子令牌將會增值的投資者（一般會以比特幣進行支付），以作為籌措開發經費等行為）等情況下，有時候恐怕也未必能夠明確判斷出是否符合前述要件，期望相關單位能夠有公開釋義、提出Q&A等動作。

●「虛擬貨幣交易業」的定義

　　將新資金結算支付法的規範對象業者——「虛擬貨幣交易業」定義為從事以下任一種行為者（新資金結算支付法第2條第7項）。

① 虛擬貨幣之販售或是與其他虛擬貨幣之交易。

② 針對①所示行為之媒介、間接代理，或是代理。

③ 針對①或是②所示之行為，管理使用者的金錢或是虛擬貨幣。

這個定義，也可以用來思考相當於FATF所定義之交易所（Exchanger）業者。

首先，透過虛擬貨幣販售所或是ATM，以自己的計算方式進行虛擬貨幣販售之業務，相當於前述①。另一方面，提供使用者們進行虛擬貨幣販售媒合場所之交易所業務也相當於前述②中的「媒介」。此外，由使用者自行計算、以自己名義進行虛擬貨幣買賣業務（Brokerage，掮客業務）相當於前述②中的「間接代理」，虛擬貨幣販售所以代理方式進行媒介或是代理的事業則分別相當於前述②中的「媒介」或是「代理」。

再者，雖然〈結算支付WG報告〉中並未明確表示，虛擬貨幣之間的交易也包含在虛擬貨幣交易業的定義之中。因此，虛擬貨幣間的換匯業務以及提供虛擬貨幣間交易場所的交易所業務也都屬於虛擬貨幣交易業。

符合虛擬貨幣交易業定義者僅限於「執業」之業者，單以結算支付或是投資為目的之虛擬貨幣販售或是與其他虛擬貨幣進行交易時，並不符合虛擬貨幣交易業定義之條件。另一方面，進行代幣眾售時（前提是作為對象之電子令牌應符合虛擬貨幣定義），符合前述①「販售」或是「交易」（通常為後者）條件者，理所當然被視為虛擬貨幣交易業之對象，以不特定多數人為對象即視為符合「執業」之條件。

此外，虛擬貨幣相關之衍生性金融商品交易，雖然沒有特別被視為受法規制度管理之對象[註3]，但是仍須注意若有進行真實商品結算支付，相當於「販售」行為（使用不同虛擬貨幣時，則為「交易」），即可能會被解釋為符合虛擬貨幣交易業所定義之對象條件。

　　針對前述③，由於有「針對①或是②所示之行為」之條件，因此不可能會有不管前述①或是前述②，僅進行前述①行為之虛擬貨幣交易業存在。例如：線上電子錢包業者若僅進行虛擬貨幣之保管以及使用者之間的轉匯業務，即不屬於前述③，意即非屬新資金結算支付法之規範對象。歸結虛擬貨幣交易業之定義，前述③中明確表示，關於虛擬貨幣交易所收到使用者為了買賣虛擬貨幣而預存在該交易所的預存金，不得違反出資法第2條第1項（禁止收取預存金）。

●登錄制度

　　在新資金結算支付法下，登錄的業者稱之為「虛擬貨幣交易業者」，除了虛擬貨幣交易業者以外，任何人不得進行「虛擬貨幣交易業務」（新資金結算支付法第63條之2）。已在國外有關當局登錄者於國外進行「虛擬貨幣交易業務」相關行為時，若未在日本依新資金結算支付法登錄，禁止對日本國內任何人進行勸誘（新資金結算支付法第63條之22）。

　　登錄申請需由申請者將填妥預定進行之業務內容等並且符合相關規定內容之申請書，連同所規定之附錄文件向有關當局提出（新資金結算支付法第63條之3）。可接受的登錄申請對象原則上必須為股份有限公司，即使是外國公司，已於國外登錄或是業經許可、認可進行虛擬貨幣交易業務者，亦需在日本國內設立營業所，且必須設立在日本國內有居住地址之日本國內代表人之下（參照公司法第817條1項），始可進行登錄（新資金結算支付法第63條之5第1項第1號、第2號）。除此之外，亦規定了一些不得登錄之拒絕事由，例如：必須要有一定的財產基礎與完整的公司體制，申請者本

身以及員工若曾有刑罰紀錄或是行政處分紀錄，則可視爲申請不符之事由（同項第3號以下）；在財產基礎方面，依〈結算支付WG報告〉內容，亦有預設最低資本額、最低淨資產（Net Assets）相關規定。

●業務相關法規制度

關於虛擬貨幣交易業者所執行之業務，有以下措施之要求。

・資訊安全管理所需之必要措施（新資金結算支付法第63條之8）。
・確保委託（包含二次委託等）之相關業務適當且確實執行之必要措施（向委託對象提供指導等）（新資金結算支付法第63條之9）。
・保護使用者以及爲了確保虛擬貨幣交易業適當且確實執行業務之必要措施（防止誤認虛擬貨幣與法定貨幣之相關說明、針對契約內容提供相關資訊等）（新資金結算支付法第63條之10）。
・對使用者的金錢、虛擬貨幣進行區隔管理，以及針對區隔管理狀況進行外部監察（新資金結算支付法第63條之11）。
・金融ADR等客訴處理、紛爭排解等相關措施（新資金結算支付法第63條之12）。

區隔管理義務之內容係由內閣府令訂定之，依〈結算支付WG報告〉不得提供信託或是寄存，管理上只要處於可以明確區隔、立即判別出自有資產與顧客資產的狀態即可。然而，必須特別留意的

是如此一來虛擬貨幣交易業者對於所管理之使用者金錢、虛擬貨幣就不一定需要在制度上或是破產切割方面下工夫。

●受有關當局監督之相關法規制度

虛擬貨幣交易業者受到有關當局之監督，應遵從以下法規制度。

- ·帳簿文件之製作、保存義務（新資金結算支付法第63條之13）。
- ·向有關當局提出定期報告書之義務（新資金結算支付法第63條之14第1項、第3項）。
- ·向有關當局於一定期間提出使用者金錢、虛擬貨幣管理相關報告書之義務（新資金結算支付法第63條之14第2項、第4項）。
- ·接受有關當局進入檢查等（新資金結算支付法第63條之15）。
- ·接受有關當局要求取消登錄、業務停止命令或是業務改善命令（新資金結算支付法第63條之16、第63條之17）。

●認定資金結算支付業協會

備妥「虛擬貨幣交易業者自主法規制度團體」一般財團法人所認定之資金結算支付業者協會相關規定（新資金結算支付法第87條以下）。

●以「犯收法」為依據之AML/CFT解決方案

在新犯收法方面，於特定業者定義中追加了虛擬貨幣交易業者（新犯收法第2條第2項第31號）。藉此，虛擬貨幣交易業者必須遵從交易時的驗證義務（新犯收法第4條）、製作／保存驗證紀錄以及交易紀錄（新犯收法第6條、第7條）、針對可疑之交易向有關當局提出之義務（新犯收法第8條）、體制整頓義務（實施教育訓練、整頓公司內部規章制度、選任統籌管理者等，新犯收法第10條）。

再者，由於與處理預存金之金融機構、資金移動業者同樣會提供預存金存摺、換匯交易卡等，禁止虛擬貨幣交換業者以冒充為目的，或是無正當理由之有償方式，勸誘、引誘以收取用來驗證使用者本人之相關資訊（帳號、密碼）（新犯收法第30條）。

●施行日、經過措施

本法案施行日為自交付日起算未超過1年範圍內，依政府法令所訂定之日期（本法案附則第1條）。本法案相關法律遂於第190次國會（2016年1月～）成立，其後歷經相關政府法令與機關命令聽證會、制定後，預計於2017年春天施行。

在施行日時點下，從事虛擬貨幣交易業之業者，只要於施行日起算6個月內進行登錄即可，在登錄接受前亦視為虛擬貨幣交易業者，並且適用於新資金結算支付法（本法案附則第8條）。

C. 金融法規制度相關之注意事項

關於虛擬貨幣相關業務，應持續留意以下各點。

●衍生性金融商品交易

　　一般而言，進行衍生性金融商品交易或是提供衍生性金融商品交易場所，基本上可視為符合賭博相關犯罪（刑法第185條、第186條）之構成要件。至少必須遵守金融商品交易法上的「衍生性金融商品交易」或是依商品期貨交易法上的「商品衍生性金融交易」的規則進行，基本上依刑法第35條（正當行為）去除其違法性後，賭博相關之罪名即視為不成立。另一方面，比特幣等虛擬貨幣相關衍生性金融商品交易方面，由於不屬於前述任一項，因此並不受到這些法律規則的限制，然而相反地，對照這些內容後，必須要慎重地判斷是否能夠以刑法第35條所規定之「進行正當業務之行為」，以去除其違法性問題。

●換匯交易

　　業者提供比特幣與法定貨幣之交換，以及可以配對預託比特幣顧客間之換匯等，讓一定資金在跨區者之間移動的平台時，這些換匯交易往往必須受到一些評估。因為，一般換匯交易必須透過銀行以外之預存金處理金融機構（每次以100萬日幣為限），或是資金移轉業者進行，必須特別注意。

●金融機構等業務範圍之法規制度

　　銀行及其集團企業、金融商品交易業者（進行第一種金融商品交易業或是投資運用業時）等應遵守業務範圍之相關法規制度，然而，是否就可以進行的虛擬貨幣相關業務，卻是尚未明朗的問題點。

　　針對這一點，根據政府答辯內容，針對比特幣買賣仲介以及比

特幣兌換日幣或是與外幣交易、開設用來儲存比特幣的「帳戶」以及帳戶之間的比特幣移轉等業務，暗示銀行將其歸類為「其他附屬業務」的可能性（銀行法第10條第2項細則）^{（註4）}，除此之外，亦提出前述金融商品交易業者將顧客財產用於投資比特幣之業務，即所謂投資業務（金融商品交易法第35條第2項第6號、第7號、金融商品交易業等相關內閣府令第68條第19號）之可能性。此外，在政策理論方面，銀行集團企業將虛擬貨幣交易業務當作「金融相關業務」（銀行法第16條之2第2項第2號）進行，以及進行第一種金融商品交易業務之金融商品交易業者（至少為進行貨幣相關衍生性金融商品交易時（FX業者等））從事虛擬貨幣買賣或是衍生性金融商品交易之「其他附屬業務」（金融商品交易法第35條第1項細則）或是投資業務（同條第2項）之行為，皆受到允許並視為有一定之合理性。

針對這一點，在實施與本法案相關之法律前，期待政府法令或是監督方針等能夠更明確。然而，關於隸屬虛擬貨幣交易業務方面之業務內容，必須要注意的是根據銀行法、金融商品交易法等，雖然在業務範圍法規制度上可以被允許，但是根據新資金結算支付法仍必須另行登錄。

■ 比特幣與租稅制度

在比特幣的稅制方面，主要的問題在於有無對比特幣的買賣（比特幣與法定貨幣之交易）課徵稅賦。

(1) 外國法律

　　美國紐約州稅務財務局針對比特幣買賣，明確表示不需課徵銷售稅[註5]，除此之外，在歐盟方面，歐洲司法裁判所於2015年10月22日判決中包含比特幣買賣依據附加價值稅指令可進行非課稅交易[註6]。其他，像是在新加坡會被課徵貨物和勞務稅（Goods and Services Tax）等，有些國家也會針對比特幣的買賣課徵稅賦。

(2) 日本法律

　　日本方面，根據〈自民黨中間報告〉，明確表示比特幣買賣應課徵消費稅。消費稅法針對於日本國內各業者進行「因業務所獲得對價之資產讓渡……以及勞務之提供」時，原則上皆必須課徵消費稅（消費稅法第2條第1項第8號、第4條第1項），例外之非課稅交易已有明確正面列舉（消費稅法第6條第1項、附表一），因此該解釋被視為是非不得已。

　　再者，比特幣的匯款究竟屬於「資產讓渡」還是「勞務提供」，此部分尚未有明確的表示。若屬於前者，從國外販售至日本國內，視為國際交易不予課稅，但是從日本國內販售至國外時則被視為課稅對象（消費稅法第4條第3項第1號、消費稅法施行令第6條第1項第10號）；若屬於後者，視為利用電子通訊提供勞務（消費稅法第2條第1項第8號之3），從國外販售至日本國內視為國內交易需課稅，從日本國內販售至國外則視為國際交易不予課稅（消費稅法第4條第3項第3號）。

　　從比特幣等加密貨幣的結算支付方法性質來看，並且對照現行法律上非課稅之交易案例，應具有作為非課稅交易之合理性，特別

是如果本法案通過，表示法律上明確認可其作為新資金結算支付法上之虛擬貨幣結算支付方法，因此可期待同法上之虛擬貨幣買賣將會被視為非課徵消費稅之交易。

具體而言，例如：在將包含比特幣之虛擬貨幣匯款解釋為「資產讓渡」之前提下，國際匯款以及國際貿易法第6條第1項第7號ハ或是ニ所揭示之「支付方法」，依國際匯款法令第2條中指定之虛擬貨幣，或是依消費稅法附表一第2號之「歸類於支付方法」經消費稅法實施令第9條第4項所指定之虛擬貨幣（現行僅指定為IMF之特別交易權），可視為同號之非課稅交易。

■ 結語

以上內容為針對比特幣在法律上的規範概論，實務上可能還會面對其他各式各樣的法律論點，以及許多必須要慎重討論的情形。再者，隨著加密貨幣的普及與發展，包含日本在內各國的法規制度也急遽發生變化，建議最好經常留意相關動態。此外，為了實現更優質的制度，向有關當局積極地提出建言也是很重要的一環。

註：
1) 2014年破產的美國挖礦業者Hash Fast Technologies LLC財務管理長，要求舊員工返還等同於2013年該公司支付予員工的比特幣金額事件，2016年2月19日，加州北部地區聯合國破產裁判法院判定比特幣並非真正的貨幣，應視為無形人類財產（Intangible Personal Property）。若為貨幣則可依支付當時之時價返還，但是若為財產（Property）則應比較支付當時價金額與返還時之實價金額，返還較高的金額。

2) 本法案內容以及相關資料可至日本金融部網站確認（http://www.fsa.go.jp/common/diet/）。

3) 包含金融商品交易法2條24項「金融商品」所定義中之虛擬貨幣在內，未來，可能會考慮虛擬貨幣相關衍生性金融商品交易之正式法規制度。

4) 第186次國會、第190次國會政府答辯中皆表示「不隸屬於銀行法第10條第1項各號、同條第2項各號以及第11條各號所規定之銀行可經營業務」，但是，並未明確回答是否符合銀行法10條2項細則所規定之「其他附屬業務」。假設符合「其他附屬業務」條件，銀行集團企業即可由從事「金融相關業務」之「子公司對象公司」執行該項業務（銀行法實施規則17條之3第2項3號），在第190次國會政府答辯中表示「銀行或是其子公司，除了……，當子公司符合（……）時，應合併計算，並且可以取得五個百分比以下的決議權，或是可保有決議權」，在此也迴避了明確回答子公司是否符合條件之問題。

5) http://www.tax.ny.gov/pdf/memos/multitax/m14_5c_7i_17s.pdf.

6) http://eur-lex.europa.eu/legal-content/EN/TXT/?qid=1395932669976&uri=CELEX:62014CJ0264.

比特幣的最新技術

bitbank股份有限公司技術顧問　喬納森・安德伍
（Jonathan Underwood）

　　本章節將針對用於比特幣電子錢包（相當於保管金錢用的錢包）之最新技術做一解說。近兩年，電子錢包的應用程式急速增加，隨著比特幣進化，出現許多的改善方案，使得個人對於比特幣的持有管理變得更為簡單、方便。在此針對比特幣管理這個較為艱難的任務，解說各個改善方案將如何提升使用者的方便性。此外，不只是軟體，本章節也會針對因應比特幣網絡性質所產生的各式各樣課題，並且介紹目前所採行的解決方案。

◼ BIP32與BIP39所引發的電子錢包革命

　　2015年，比特幣錢包軟體中應用得最廣泛的技術就是「BIP32：具有分層確定性（Hierarchical Deterministic, HD）的電子錢包」與「BIP39：用來衍生確定性密鑰的簡字碼（Mnemonic Code）」（Phrase）。BIP是Bitcoin Improvement Proposal的簡稱，當初是為了討論比特幣技術而製作、公開的一個提案規格，將這些BIP32與BIP39組合後，裝設在電子錢包上，即可讓比特幣使用者的使用體驗產生相當大的變化（圖表2-3-1）。比特幣原本是用256個0與1組合而成，是一般人無法記憶的位數，因此難以進行電子錢

包管理，所以需要有更容易管理的形式，於是出現了簡易的單字排列組合置換管理方法。

　　BIP39（復原用的簡字碼）的優點在於詞彙的備份容易。以往的比特幣電子錢包，必須將電子錢包的數據儲存在硬碟或是USB隨身碟等儲存裝置裡，但是裝設BIP39後，這些數據就變成可以被人類所記憶的12個以上的單字，透過簡單的辭彙排列組合置換，備份就變得非常容易了。目前主流雖然有12個單字或24個單字，但是將12個以上的單字，經過3的倍數的單字（如99個單字）排列組合後，即可將BIP視為一種可依循的標準。

圖表2-3-1　BIP32與BIP39從詞彙連結成密鑰的過程

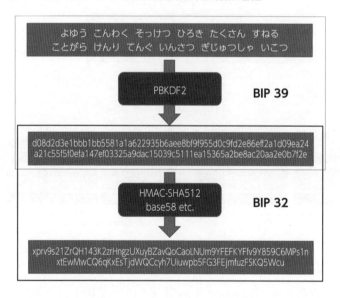

　　首先，BIP39會從取得亂數開始（圖表2-3-2）。由於架構是每32bit的亂數可以輸出3個單字，根據BIP39的標準，必須由32bit的

倍數取得亂數。接著將取得的亂數二進制資料（Binary Data）用SHA256（雜湊函數）進行雜湊（轉換成較小的資料），將亂數的bit用32去切割，再自雜湊資料中取得bit，並且將其結合在亂數的尾端。結果，bit數就會成為33的倍數，分別分成11bit，就可以在0～2047的範圍內取得10進位數的數字。將這些數值，根據BIP39單字集（目前有日文版、英文版等）導出所屬的單字，即可成為用來復原電子錢包資料的詞彙。

圖表2-3-2　將16進位的數據轉換為詞彙的架構

從亂數到簡字碼詞彙

11bit=2048個單字表索引

　　BIP32（分層確定性電子錢包）是一種從被稱為「種子」的母密鑰開始，再衍生出幾千幾萬個子密鑰的裝設提案（圖表2-3-3）。通常，會從BIP39產生的詞彙中做出「種子」，從種子產生出母密鑰。母密鑰衍生出的子密鑰被稱之為「層」，每一「層」都確保有4byte（32bit）的資料區域。其中，會使用旗標（Flag）來

判定31bit是否被用於子密鑰的索引、剩餘的1bit是否有使用強化密鑰（Hardened Key）。強化密鑰與非強化密鑰的差別在於「是否必須由母密鑰衍生出子密鑰」，也就是指，是否可以與密鑰切割、衍生成公開金鑰。

這樣一來雖然可以提高電子錢包的便利性，但是，也無可厚非的有缺點存在。母公鑰（Master Public Key），與子密鑰只要有任一個被知道，就可以被回推計算出母密鑰。考量這個缺點，目前已安裝的HD電子錢包幾乎都已經取消該「密鑰輸出（Export）」功能。因為已經可以藉由BIP39輕鬆備份了。

圖表2-3-3　HD電子錢包架構的簡易概念圖

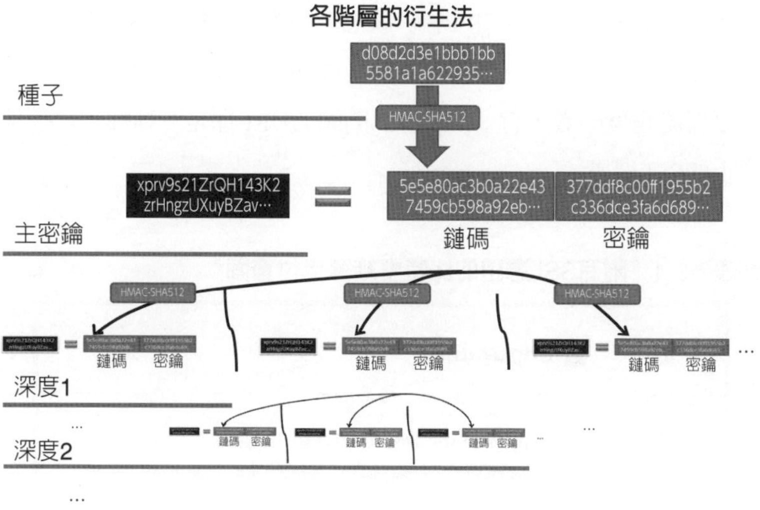

各階層的衍生法

﹗讓比特幣結帳交易安全無虞的BIP70

　　BIP70（Payment Protocol）是使用SSL/TLS通訊方式，將比特幣位址等資訊與電子錢包連接的架構（圖表2-3-4）。BIP70的開發背景是期望能夠預防MITM（中間人）的攻擊，在Bitpay、Coinbase等結算支付代收代付業者提議導入BIP70之前，曾經發生過多起因駭客攻擊而導致位址遭到置換之MITM攻擊事件（圖表2-3-5）。例如在顯示艾特幣（比特幣以外的虛擬貨幣）價格的瀏覽器擴充功能中，含有會自動置換比特幣位址的病毒碼。

　　主要的流程是由店家伺服器對電子錢包發出PaymentRequest訊號。接著，電子錢包就會回覆Payment訊號，伺服器也會因應該訊號發出PaymentACK訊號，驗證訊號內含有的SSL憑證資料（Data），即可確認是該網域名稱（Domain Name）的擁有者。從瀏覽器的角度來看，有「https://」開頭的URL即是一種顯示於網址列上的SSL憑證。

圖表2-3-4　附有SSL憑證的比特幣結算支付畫面

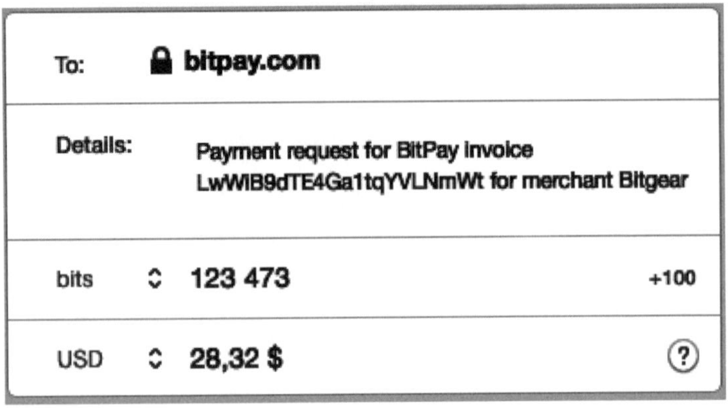

圖表2-3-5　MITM（中間人）攻擊流程與BIP70流程之比較

收到來自ABC.com的請求時

1abcd…

1abcd…

1abcd…

1abcd…

1abcd…

1dorobo…

來自ABC.com的請求
1abcd… 1 BTC
匯款

來自ABC.com的請求
1dorobo… 1 BTC
匯款

*即使是採用https通訊，也經常發生透過惡意軟體（Malware）將瀏覽器上顯示的位址置換成攻擊者位址的情形。

　　這個概念提出當時，曾遭受到「僅限於出錢購買SSL憑證的企業，P2P層級的使用者根本無法使用」的批判。這確實是無法否認的事實，但是待最近公開Bata版的Let's Encrypt（自動發行SSL憑證ACME的第一個協定）等協定普及後，或許P2P的使用者就得以充分利用了。

▪ BIP63（隱形位址）

　　BIP63為大家所熟知的隱形位址，原本是爲了安裝在暗黑錢包（Dark Wallet）這種毀譽參半的電子錢包上所開發出來的。筆者也曾參與隱形位址的規格、討論，甚至於範例程式碼（Sample

Code）的開發。然而，目前隱形位址的開發已中斷，在能夠獲得技術開發預選機會之前，處於停擺的狀態。

　　隱形位址的架構是在區塊鏈上進行橢圓曲線的迪菲—赫爾曼金鑰交換（Diffie–Hellman Key Exchange）。隱形位址中含有兩個公開金鑰，一個是共有金鑰專用的金鑰，一個則是實際用來傳送比特幣的金鑰（圖表2-3-6），傳送者會將傳送對象的共有金鑰與本身製作出的密鑰比對後產生的「點」乘上雜湊函數，該數值就會成為公開金鑰的秘鑰。將利用這種方法所產生的公開金鑰與傳送用的公開金鑰加起來的「點」當作位址，並且創建出一筆事務（Transaction）。

圖表2-3-6　BIP63：隱形位址的概念圖

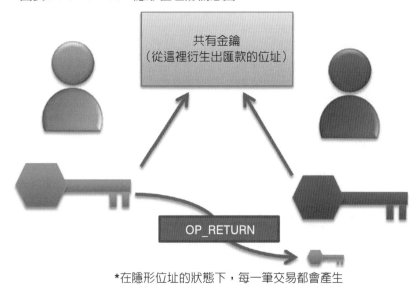

共有金鑰
（從這裡衍生出匯款的位址）

OP_RETURN

*在隱形位址的狀態下，每一筆交易都會產生

　　將在最初階段所建立好的亂數公開金鑰插入交易資料的OP_
RETURN（可輸入任何資料的地方），接收者希望能將其傳送到其
他不同地點時，會先確認過所有的區塊鏈交易，也必須確認送至隱
形位址時所有的OP_RETURN。之後，就會再次進行迪菲—赫爾曼
金鑰交換，這個計算工程是使用自己的傳送專用密鑰，計算被傳送
出去的比特幣位址密鑰。

　　隱形位址技術開發中止，最大的原因在於這項技術無法因應
逐漸擴大的使用規模，暗黑錢包釋出之初，使用者較少，還不構
成問題，然而隨著使用者增加，從開啓應用程式至達到同步爲止，
往往需要非常長的時間。由於資料通訊量也相當大，因此便開始針
對SPV（Simplified Payment Verification，不須下載區塊鏈上所有資
料，僅進行事務驗證的方式）的主要終端用戶——智慧型手機做出
限制。假設限定僅有使用區塊鏈上所有節點（Node）的「完整節
點使用者（Full Nodes User）」可以安裝，因此只要驗證區塊鏈上
的資料就可以輕鬆鎖定使用隱形位址的使用者，也由於會留下蹤
跡，因而容易被列入黑名單，隱形位址的開發就這樣暫時被中斷。

BIP47（支付條碼）

　　BIP47（支付條碼 / Payment Code）的架構與隱形位址的性質
相近。與隱形位址比較起來，最主要的不同點在於，如果是對今
後需要頻繁寄送的對象，必須事先將「通知交易」（Notification
Transaction）傳送至「可以接收通知的位址」（Notification
Address）（圖表2-3-7）。然而，只是這樣一個簡單的步驟，卻可

圖表2-3-7　支付條碼概念圖（出處：https://github.com/bitcoin/
bips/blob/master/bip-0047.mediawiki）

Alice sends masked payment code to Bob's notification address

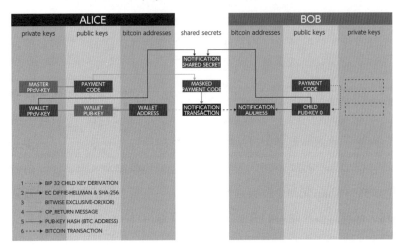

以同時解決隱形位址以往「必須先搜尋整個區塊鏈交易情形」的
問題，以及從節點來看「可以明確得知特殊交易狀況」等兩個問
題。

　　具體的流程是透過通知交易，將傳送者的支付條碼通知予接
收對象（收取人）。利用該條碼，收取人僅需要監督事前所產生、
僅能夠在傳送者之間使用的20個位址。之後的交易也只要傳送到傳
送者與接收者所知道的那20個位址即可，如果位址不足，也可以重
新產生、補充。實務上，為了經常維持20個未使用的位址，通常會
考慮採用與BIP44同樣的運用方法。使用支付條碼時，只要和現存
的SPV電子錢包用同樣的方式看守通知位址，即可使用SPV電子錢
包。

　　目前普遍來說，對於支付條碼這項工具的期待都相當的高，另一方面，首次進行「通知交易」這個單一步驟時，如果對方是只要進行單次交易的對象，或許反而會覺得很複雜而不想接收。就現狀而言，實際安裝支付條碼真的非常複雜，規格上的漏洞也還很多，因此從最近採取保守姿態的電子錢包開發陣容來看，恐怕並不會想要耗費勞力進行裝設工程。

▪閃電網絡

　　所謂閃電網絡（Lightning Network）是利用比特幣的交易資料，卻在比特幣網絡以外的地方進行支付處理的一種網絡工具，利用這種網絡，可以大幅超越原本區塊鏈所能處理的交易量。原本在比特幣網絡上進行交易時，所有的交易都必須要發送至區塊鏈，但是在閃電網路上，可以藉由建構履約保證（Escrow）型（商業交易結算支付時，透過中立第三方進行結算支付，以便確保交易安全的一種交易型態）的網絡，大幅減少需要發送訊息至區塊鏈的交易量，僅留下交易的證據。換句話說，就是將比特幣區塊鏈所扮演的角色從「處理支付」變更為「處理並解決紛爭」。

　　閃電網絡的處理方式是先從在進行交易的A與B之間，開設一個需要雙方多重簽名才能進行交易的通道（圖表2-3-8）。雙方會於開設通道時決定比特幣的數量。接著，參照從該交易產生的「未經使用的交易輸出」（Unspent Transaction Output, UTXO），製作出兩個交易，並且互相簽名，A交易由B簽名，B交易由A簽名。透過此一架構，雙方即可分別各自、隨時關閉該通道。

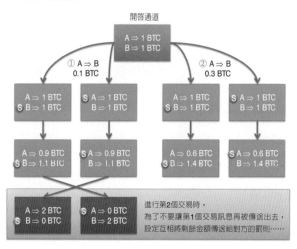

圖表2-3-8　閃電網絡

範例如下：將一個高額度的交易視爲「tx0（=Transaction 0）」時，下一筆交易會以「tx1a」、「tx1b」兩個版本存在，其中一個可以放入區塊鏈進行交易。另一方面，「tx1a」、「ta1b」任一個輸出的對象與匯款金額皆相同，因此兩者在協定上可以決定「通道上的餘額目前爲XX」。問題在於後續的交易，「tx1a」與「tx1b」表示「A的餘額爲0.5 BTC、B的餘額爲0.5 BTC」，下一筆交易「tx2a」、「tx2b」時，從A移動0.3 BTC給B，「A的餘額爲0.2 BTC、B的餘額爲0.8 BTC」。這時候的問題是A的「tx1a」——「A的餘額爲0.5B TC、B的餘額爲0.5 BTC」這筆交易仍有被發送的可能性。

在此，針對交易延展性（Transaction Malleability），可以利用相對性時間凍結的方法去解決。至於該怎麼做比較恰當，由於「tx1a」與「tx1b」的內容並非現時點的餘額，而且A—B之間有多

重簽名的設定，所以也僅能將所有餘額傳送給自己，然後製作成擁有雙方互相簽名的「tx1a-close」以及「tx1b-close」交易，在此決定餘額後關閉通道。這筆交易可以再加上「母交易已被放入區塊鏈中，若沒有經過1,440個區塊（大約10天，只要是適當的數值即可），則此交易無效」的條件。

再者，在製作下一筆交易之前，發送「tx1a」與「tx1b」時，應互相傳送可無條件執行的「tx1a-punish」與「tx1b-punish」，藉此可確保如果後續有想要進行不當交易的人物出現、想要配送只對自己有利的餘額交易時（例如：tx1a），也無法得逞，因為交易已經關閉，必須要等10天後才能恢復有效，或是也可以藉由自動執行的「tx1a-punish」沒收所有餘額。

藉由這種巧妙的架構，不只可以預防不當行為，還可以持續開啟這種半永久性的交易通道。這些方式無法使用於如艾特幣（比特幣以外的虛擬貨幣）般的外部區塊鏈，以及如彩色幣（獨立貨幣）般的協定，是只能夠在進行比特幣交易以及使用腳本語言（Scripting Language）下，才得以實現的架構。至於該如何將其網路化，又是更深入的話題了，由於這是在閃電網絡方面必須提及的內容，所以在此僅針對路由協定（Routing Protocol）進行簡單的說明。

這時候必須使用雜湊時間鎖合約（Hashed Time-Locked Contracts, HTLC）。

HTLC是一項經由複數主體，傳送資產（Asset）的技術。例如：藉由A→B→C→D這種路由，實現從A將1 BTC傳送給D的目的。此時，D可以指定一個秘密值「R」，將「R」乘上雜湊值成為「H」後，傳送至A。A會在對B傳送的交易中附加「僅可傳送給擁有H雜湊值資料R的人物」的條件（此時，A也必須對B支付分紅

獎金）。

當然，由於B不知道「R」的數值，所以必須協助將交易傳送至D。同樣的，B也將附加相同條件的交易傳給C。讓C也啟動了要讓這個交易成立的誘因，於是將交易發送給D。交易抵達D時，D會將「R」這個值使用以TCP/IP（網際網路通訊協定）之類傳遞的P2P訊息，完成一個透過網際網路的通知路徑。如果中途遇到不當動作、惡作劇的人物，就會依發送者→收取者的順序將各個交易的凍結時間階段式地緩和下來（越接近發送者，條件越嚴格），發生不當行為時，就可以從收取者開始依序關閉通道，因應解決該問題。

■ 結語

以上快速地介紹了比特幣的最新技術，文中有許多不太常聽到的專業術語，可能對於入門者來說較為難懂，筆者已盡可能簡潔扼要地說明該如何解決比特幣所需面對的相關問題，希望能夠幫助各位讀者稍微理解比特幣。

個人預測到了2016年，比特幣將會藏有更多的驚喜。拜這些革命性進步所賜，不僅是比特幣，也大幅擴展了P2P交易的潛力，對於想要學習比特幣相關技術的技術人員，我的建議是「去學習比特幣的腳本語言與閃電網絡架構」。

這樣一來，不僅能夠知道比特幣本身問題的解決方法，或許也能夠進一步發現潛在的可能性，並且使之更加成長。目前比特幣已挾日新月異之勢，不斷進步，2016年肯定會是比特幣大幅活躍的一年。

3

章

區塊鏈所引發的金融變革及其架構

區塊鏈概論

Tech Bureau股份有限公司董事長兼CEO 朝山 貴生

　　2015年，歐美國家對於包含比特幣在內的區塊鏈相關商業項目投入了1,000億日幣以上的資金。而這個重量級的投入，使得從比特幣到區塊鏈每天都有大幅度的轉變，比特幣相關的眾多新創公司開始企圖轉換到區塊鏈業務。目前，區塊鏈可以說是金融科技的本命、備受矚目的技術。

　　在龐大的投資當中，占較大比例的實際上是花旗集團、巴克萊銀行、法國巴黎集團、高盛集團、那斯達克、德意志銀行（Deutsche）、瑞銀集團等大型金融機構。那麼，究竟為何這些金融機構會如此看重區塊鏈技術呢？在沒有明確答案的狀態下，迎向2016年之際，日本方面才開始透過媒體等認識「區塊鏈」一詞。然而實際上，一般而言被視為領頭羊的歐美國家，也才剛開始分享技術方面的資訊而已，目前幾乎還沒有辦法摸透「區塊鏈」在實質上會對金融系統產生哪些衝擊。

　　由於有幸取得本公司所提供、一部分在商用區塊鏈技術方面的情況，筆者手邊有一些實際的數據，但是在分享之前，讓我們先針對金融機構與區塊鏈技術相遇的經過作一個簡單的整理。

▪ 區塊鏈的始祖──比特幣

　　近來，恰巧在日本技術相關媒體上發現記者將「比特幣」標記爲「運用區塊鏈技術的服務之一」。然而，這樣的說法對「比特幣」而言恐怕太過失禮，因爲所謂的「區塊鏈」，其實是用來當做「比特幣」的基礎技術才擁有此一命名，是因爲「比特幣」才發明的技術，這個因果關係是可以被實證的。所以，「比特幣」才是區塊鏈技術的始祖，除此之外，則是應用比特幣所發明之相同技術、後續發展出來的東西。

　　那麼，究竟爲何會有這樣的誤解產生呢？起因在於有人想要將比特幣捲入一些是非事件。

▪ 對比特幣的抗拒反應

　　比特幣最大的特色，可以借用發明者──中本聰說過的話來表示：「相較於Napster那種擁有中央控制者的網絡，容易因爲政府的一個命令而被擊潰，Gnutella這種純P2P網絡反而可以永續長存」。

　　他所謂的「純P2P網絡」是指實現沒有管理者存在、完全分散式（分權（Decentraization））的網絡，如此一來，若想要停止一個比特幣網絡就必須破壞現存所有的節點（Node）才行。也就是說，事實上比特幣的P2P網絡是無法被任何人隨意停止的。中本聰將該特徵表現形容爲「無論到任何一個國家，頭都不會落地」。

　　但是「沒有管理者=沒有控管」，而且「純P2P的網絡=無法瓦

解」，因此人們對於比特幣，只有3種選項——「接受它」、「否定它」或是「忽視它」。如同比特幣最早的論文題目「結算支付服務」，它也被稱爲「加密貨幣」，基於「沒有發行主體、不受法律管理的貨幣，根本不成體統」的理由，許多金融機構目前的解決方法是選擇「拒絕」，並且立刻將其設定爲「惡性的存在」。

完全接受比特幣的體制、甚至將其當作法定貨幣之一來使用的是德國的Fidor銀行，這是極爲稀少的案例，從長期觀點來看，許多銀行私底下還是將比特幣當作「競合」或是不知所謂的「威脅」。將比特幣定義爲「惡性的存在」才會覺得比較舒服的人，往往刻意將焦點集中在比特幣某些「暗黑」的部分，也就是認爲比特幣是「洗錢（Money Laundering）或是不當匯款的溫床」，這些與事實相反的風評不斷地流傳在世間，特別是在日本，大型媒體長期持續報導「比特幣公司老闆被逮捕」等這類負面新聞。

這些動向在2015年中開始變得越發顯著，同年秋天在全世界的投資家之間甚至還發生了「連提都不想提比特幣」的狀況。實際上，比特幣已經由英國政府進行過風險檢測，結果證明在資金洗淨風險方面（分數爲5，低）遠低於「銀行業」（分數爲34，高）或是「現金」（分數爲21，高），然而，比特幣仍持續、不變地在部分業界與人們之間遭受到同樣的待遇。但是，某些獨具慧眼的金融機構，在加深對比特幣的知識與理解過程中，發現一些不容錯過的事實，正慢慢地一一浮現出來。

■ 不論如何都想要擁有的區塊鏈力量

隨著比特幣成為主流，比特幣的使用與負荷也逐漸增加，甚至還進行過好幾次故意流入無數筆事務（Transaction）的壓力測試。

結果，卻導向了意外的結論——比特幣不論暴露在多少個壓力測試下，僅有匯款處理延遲情形，系統卻完全沒有被擊敗（停止）。也就是說，比特幣從2009年啟動到現在，實際上已經過了7個年頭，卻完全沒有停止過、仍持續提供服務，這個事實讓大多數人為之震驚。再者，時價總額膨脹到數千億日幣的比特幣，經常在全世界任何一個地點被以「竊盜」為目的，當作攻擊的對象，因為任何人都可以自由成立節點、檢索該網絡。

然而，除了因產生亂數的演算法錯誤（Bug）、造成密鑰重複而發生的竊盜外，儘管比特幣經常暴露在網際網路上，實際上卻從未發生過因比特幣本身原因造成任何人的餘額被竊。也就是說，作為一種金融服務，比特幣可以在「沒有管理者」的狀態下實現「即使暴露在網際網路上，也沒有任何人可以竄改或是竊取的安全性」。

在大家逐漸了解Mt. Gox的比特幣消失事件，並不是由於比特幣的安全性問題，而是起因於市場營運者個人作為的事實，部分金融機構之間也逐漸將焦點擺在比特幣的優異架構上，也就是因應比特幣而產生的「區塊鏈」技術。

究竟何謂區塊鏈？

區塊鏈技術，對於被稱之為所謂工程師的人們而言，是全新、難以理解且容易誤解的領域。2016年後終於沒有在網際網路上看見人們發布任何惶恐的意見與批判，但是，除此之外，卻有人將比特幣的區塊鏈與從此處衍生發展出去的區塊鏈技術混在一起，拿著前者的制約，述說著對後者的批判，這種令人心寒的模式不斷地發生。關於區塊鏈本身的說明，恐怕需要寫成一整本厚重的書來解說，在此我們試著壓縮、用最少的內容來說明，並舉出銀行結帳系統來作一比較。

以往採行主從式架構的結帳系統

銀行結帳系統，基本上是不允許停滯的，這是一直以來的常識，例如：因為作業冗長問題而準備兩台高價的伺服器、為了不讓電源脫落，準備雙重電源支援，同樣的，網路線也雙重化。此外，為了怕資料消失，也必須要有備份用的設備，一般來說，雖然不需要兩台伺服器，但是當某一側短路，即可隨時讓另一側啟動。雖然準備了多個伺服器，但是必須要在特定伺服器上從外部連接至內側，如匯款等處理，也就是所謂的「主從式架構」（Client-server）方式。從常識來看，結帳系統會將所有該處理的事件一一排序、即時處理，如果某項支付處理尚未結束，就無法處理下一筆，絕對不允許任何人支付的金額與後續的餘額有任何矛盾或是無法核對的情形，因此，必須要有高價的資料庫軟體支援。

　　該結帳系統通常存在著所謂「在一定時間內可處理量」的最大傳輸量（Throughput），所以必須準備可以應付巔峰時期用量的機器。因此，爲了預防超過最大傳輸量，往往要耗費相當高的成本，特意去準備可以用來避免這種暫時超量的架構。

　　然而，往往還是會因爲系統障礙或是網絡障礙而導致銀行暫停服務。2015年9月，支援日本信用卡結算支付等基礎的「CAFIS」網絡當機1小時，使得日本地區約有三成的信用卡處理停擺。也就是說，即便投入了大量金額、準備了這些設備，卻還是無法排除物理性的當機時間，而必須蒙受巨大的機會損失。

◦ 採用P2P方式的區塊鏈

　　相對於以往的結帳系統爲了「努力不要當機」往往必須耗費龐大的資金，因應比特幣而誕生的區塊鏈技術扭轉了這個想法。也就是說，可以在「即使當機也無所謂」的前提下，讓複數的電腦（節點）全部進行相同的工作。比方說，比特幣的區塊鏈完全是以P2P的方式運作，只要參與的數千台電腦不要同時當機，結算支付服務就不會停止，也就是只要有任何一台電腦可以回應支付的需求，就可以正確地處理交易。

　　此外，與既有的結帳系統不同，區塊鏈是以複數區塊事務爲固定單位進行處理。再者，不需要等到該區塊鏈內的支付處理被100%確認，即可進入下一個區塊，這犯了以往一定得「確認過去狀況，才能進行下一階段」的禁忌，「容許可在近期內驗證，請先進入下一階段」。從這兩點看來，區塊鏈每一筆事務的計算成本得

以大幅降低。

各個區塊都是根據前一個區塊的內容，將使用加密技術所產生的字符串「雜湊」後連結成為一串，因此，即使有任何人想要利用任何方法操作區塊內的資料，也絕對不可能在保有前後資料整合一致性的狀態下竄改資料。如果想要修正已經被記錄在區塊上的錯誤結帳資料，也無法刪除，必須重新記錄一筆相反的結帳內容相抵才行，簡直就是直接將會計的概念套用在區塊鏈上。

以往的結帳系統，從原理看來，只要有資料庫的檢索權限即可改寫該餘額資料，因此，伺服器的硬體必須要有堅固的安全機制才行。然而，在無法被竄改的區塊鏈方面，說得誇張一點，就算比特幣全部都揭露在網際網路上仍可以安全地運用。

由於區塊鏈備妥的任何節點都可以進行同樣的工作，因此所有的支付需求一旦被任何一台電腦承接後，就會自動共享至所有的電腦，而且任何一台電腦都可以進行正式的驗證作業。因此，只要整個網絡沒有瓦解，即使放滿需求的礦池超過最大傳輸量，區塊鏈也不會失效，只可能會自動延遲支付處理。且所需的CPU電力很低，可以由多台電腦進行同一筆處理，實現即使超過最大傳輸量也不會失效的零停工期（Zero-down-time）環境，該帳本資料全數皆可由電腦保管、不需要備份。區塊鏈的優秀網絡會在安全的加密技術下運作，即使停止、被盜，對方也無法竄改的「類貨幣」已經實現了讓萬人使用的狀態，如果去除「沒有管理者」這一點，可以說正是金融等機構迄今一直渴求的技術。

在此先不談區塊鏈事務在沒有不當行為下，是如何透過多台電腦進行驗證的「Proof」相關說明。接下來還有一點，我想從非技術面的角度來說明區塊鏈得以實現的重大特色。

■ 「不需要信任第三方」的世界

接觸區塊鏈後，就會遇到「Trusted」與「Trustless」這兩個詞彙。若要單用一個詞彙來表達，恐怕有些困難，如果要貼近原本的意思，前者可以表現為「以信任第三方為前提」（可信任的），後者則為「不需要信任第三方」（不信任的）。

在此，再次注意到事實上與我們日常相關的所有金融服務都是屬於「可信任的」，各位目前放在銀行的儲蓄餘額，當初就是以信任該銀行為前提才辦理開戶的。然而，就算是國家所發行的法定貨幣，如果人民不信任該國家就無法成為「可信任的」一項金融服務。

比特幣的區塊鏈實現了不需要對第三方信任的「不可信任」世界，一般來說，從情感面來看，或許都會很自然地認為「比特幣比日幣更令人無法信任」。然而，實際上卻是相反的，我們可以大聲宣告：「比特幣比日幣更令人信任」，但這並不是指比特幣在貨幣使用方面，比日幣更穩定，因為，當你在比特幣區塊鏈上持有1 BTC時，沒有人能夠確保該價值、沒有任何可信任的第三方，僅有持有該1 BTC的事實存在，且可以提出客觀證明。

舉例來說，我們對於持有法定貨幣都是以信任為前提，但是，一旦該發行國家破產，個人所持有的資產也會一併破產。因為供給與需求的關係，比特幣可以藉由換匯的方式換算成法定貨幣，因此價值的增減是理所當然的，當你持有區塊鏈上的1 BTC，只要該網絡沒有瓦解，1 BTC存在這個事實，不論在任何人手上都不會改變。此外，比特幣的發行量在軟體上是有規則限制的，不會像法定貨幣是由管理者控制數量的增減。只要不要把密鑰給別人，在未經

許可的狀態下，區塊鏈上的所有權無法經由第三方的手移轉或是消滅。如前述內容，由數千台電腦進行運算的比特幣，幾乎可以說是不可能讓該網絡瓦解的，這些特色將會半永久性地維持下去。區塊鏈可以將信任分散且匿名化至無數個節點營運者，因此在保有價值方面完全不需要去信任第三方。

這個「不可信任」的特色就是在比特幣初創時期，不只吸引到極客（技術宅），還吸引到自由主義者（Libertarian）的理由之一。除了可以獲得一些好處，也能夠讓不同階層裡的人們感受到這些東西的魅力所在。而在我們這些經營事業的一般「可信任」世界裡，對於第三方信任瓦解的風險與證明個人信用的總總手段，都會直接成為成本；然而，在「不可信任」的世界裡，由於沒有對第三方信任的必要性，所以也不需要考量該風險或是成本，例如：新創企業或是中小企業為了向外部證明公司本身所保有的資產或是資料的存在與價值，往往必須耗費龐大的成本，相當不符比例原則，然而，如果能夠善用「不可信任」的區塊鏈技術，就能夠大幅削減包含監察、信用保證等一連串的成本，並且可以趨近於零成本。在區塊鏈技術的應用範例方面，頻繁出現「公證」、「投機」、「監察」、「契約」等服務，皆起因於這個「不可信任」的特色。

▪ 比起無法管理的「比特幣」，可以受到管理的「區塊鏈」

對於「排除中央集權」或是「沒有管理者」這些特色感到魅力的自由主義者，想必皆引頸期盼「自由金錢」——比特幣的出現，

不論是否討厭比特幣，某些了解區塊鏈所具有的優異特色的人們，在想法上也出現了分歧。

除了持有那些「無法管理的金錢」等，因為「可信任」而有存在意義的金融機構，不論是否想要得到區塊鏈在技術面所具有的較高安全性與零停工期等好處，同樣絕口不提比特幣。然而，在同時期卻零零星星地開始出現一些對金融機構而言，可望帶來一線曙光的話題。有個提案想法是從比特幣中抽出區塊鏈技術，不是將其放在開放式的網際網路上，而是放在自己公司內部的網絡或是放在夥伴之間的網絡內使用。也被稱之為「認許制區塊鏈」（Permissioned Blockchain）或是「私有區塊鏈」（Private Blockchain）。

有了這樣的區塊鏈，就不需要使用那種必須完全暴露在網際網路上、自己又無法控制的「比特幣區塊鏈」，而是在外部無法窺視、完全封閉的環境內創建出高績效的區塊鏈。

■ 應該選擇公開區塊鏈還是私有區塊鏈

實際上，不只是私有區塊鏈受到矚目，另一方面，也有很多因應比特幣架構，提供純P2P技術的公開區塊鏈（Public Blockchain）規格服務，再加上比特幣「原始區塊鏈」，這三種區塊鏈因為常被混淆在一起，特在此進行整理。

如果是私有區塊鏈，驅使該區塊鏈電腦上的資金若有不足，P2P網絡當然就無法運作。但如果是公開型的區塊鏈，只要世界上還有人為了使其運作以獲得報酬（Incentive），P2P網絡就會持續

運作下去。

在此雖然無法詳細說明，但是，公鏈型的強項在於可藉由完全分散式、「持續在沒有中央管理者的狀態下，確保安全性與完成恆久性服務」；私鏈型的強項則在於電腦與網絡環境的空間可以由公司本身自行管理，「確保管理權限的彈性與更進階的私密性，並且得以有更高績效的表現」。例如：前者在物理性上無法建構出在一秒內處理數千、數萬筆事務的結帳引擎，後者卻可以。

此外，公鏈型通常必須要有半數以上的節點同意才能夠追加新功能，並且無法進行修改。但是，私鏈型卻可以因為管理者的意願而隨時升等功能。無法否認的是私鏈型雖然放棄了比特幣區塊鏈所能實現的「不可信任」優點，但是，這樣的犧牲也帶來了莫大的好處。

在安全性方面，只要密碼不被破解，兩者之間的差異並不大。但是，考量「發生未知問題的風險」與「管理權限」，以及「心理上的障礙」，對金融機構而言，當然私鏈型更具有魅力。

也有某些意見認為，私鏈型僅能由有限數量的電腦進行驗證，失去了區塊鏈的意義。然而這其實是一種誤解，私有區塊鏈本來就是受到特定企業或團體管理，只要經濟面的資源停止供給，各個網絡就會消失，所以當初就是在「區塊鏈內的資料及其存在證明終究會從這個世界消滅」的前提下營運的。

對不當行為的因應方法，比特幣區塊鏈採用的POW與區塊鏈內的資料保存方法都已經大幅進化，即使是私有區塊鏈也已經實現在數學上幾乎不可能發生、連內部管理者也無法追加不當事務，或是竄改資料的架構。然而，經常蔚為話題的挖礦（Mining）與私有區塊鏈或是公開區塊鏈無關，對區塊鏈而言並非必須之物，挖礦是

始祖——比特幣爲了吸引參與者加入驗證網絡所準備的一個架構。目前在公開區塊鏈上也有許多替代性的架構，但是，在私有區塊鏈環境下的個案本身則幾乎都不需要。此外，曾經在金融機構等場合被問到：「那麼，是否可以利用員工的個人電腦進行挖礦呢？」答案當然是「No」。

話說回來，金融機構的投資對象並不限於私有區塊鏈，歐美國家也對活用公開區塊鏈的事業投入大量的資金。結帳系統等銀行內基礎建設大多爲前者，金融機構間的交易系統則是兩者都有，匯款服務等則大多爲後者。

在想要於私有區塊鏈環境下應用區塊鏈技術的人，與認爲「如果有管理者存在的話，就必須捨棄分散式系統（Decentraization）與不可信任（Trustless）的概念，所以區塊鏈並沒有任何意義」的比特幣原理主義者之間，針對其有效性部分還在持續討論中。而筆者認爲，可以善用公鏈型與私鏈型兩者不同的優點與特色，融合各個時代需求、在不同用途上各自發展。

◤ 目前尚未釐清的區塊鏈最大優勢

只是「安全」且「零停工期」，應該無法撼動數百億日圓的投資投向區塊鏈技術，從任何角度來看，區塊鏈所展現出的魅力還是模糊不清，其實它最大的魅力在於驟減的成本。

區塊鏈的架構本身採用了以往金融系統視爲禁忌的手法，才能急劇地降低處理成本。如同前述內容，一個匯款需求不僅要經過多個區塊單位處理，而且在100%確定區塊內的匯款數字內容之前，

就會開始進行下一個區塊的處理。在過去所有匯款需求都必須「先在過去的時間點內即時完成」的結帳系統上，給予了「容許可在近期內確定」的猶豫空間，徹底顛覆眾人一直以來的常識。

然而，已有幾個歐美國家的金融機構投入了龐大的費用，想要實證區塊鏈的效果，針對究竟可以降低多少成本這一點，還未從這些實驗中得出具體的數字。

理由可以從兩點去思考。首先，目前幾乎在所有情況下的軟硬體都還堪用，因此無法完成區塊鏈架構主體。評估認為各個軟硬體都還堪用的狀態下，包含安全性的監控費用，再加上龐大的研究開發費用等各種「情況」，一併計算至每筆事務成本，實在難以對外發表。

其次，是還不想對外詳細說明，確實進行成本計算後，即使成本大幅降低，現在就公開發表也沒有好處可言。比起技術，目前在區塊鏈關係者之間，各個金融機構對於匯款至銀行中間的基礎建設利益，權力爭奪色彩相當濃厚，還不到應該向競爭對手掀底牌的階段。

基於上述理由，網際網路上幾乎還未有明確的資訊公開顯示「區塊鏈能夠削減成本到怎樣的地步」。即使有提出數字，也沒有詳細的技術資訊，只有類似「可實現1秒鐘1萬筆事務」等，這種為了獲取資金、以宣傳為目的、可信度較低的廣告新聞。再者，除了日文版資訊的流通量極低，筆者還曾經目睹過好幾次因為媒體解釋錯誤等，扭曲了原本的英語報導內容，在日本國內散布。

▪ 藉由區塊鏈使成本驟降

公鏈型的區塊鏈，今後想必也會大幅下修交易手續費（Transaction fee）等相關成本。然而，如果想要看到更急劇的成本削減，恐怕比較有機會出現在私鏈型的區塊鏈上。換句話說，前者主要的目的是想要大幅降低企業之間的交易成本，後者則是希望大幅降低企業內部或是團隊內的處理成本與營運成本。

本公司主要是提供私有區塊鏈的技術，至於究竟能夠降低多少成本，就讓我們先來看看實際的數值，讓本人在此老王賣瓜自吹自擂一下。

首先，日本金融機構的結帳系統每天會處理約300萬筆事務，並且以一般常識估計的事務量為例來思考，目標當然是「零停工期」，所以一般機器會選擇單台要價數千萬日幣以上的伺服器，並且需要有數台一起建構系統。包含從選定中介軟體（Middleware）到開發等所有人事費，一般估計初期費用約需要數十億日幣。維護營運費用（一年份）依慣例約為10分之1，因此每月必須耗費數千萬日幣。再加上高額的工程支付款，光是要維持系統存續就會一直有鉅額的固定費用。

那麼將其替換為本公司平台「Mjjin」在雲端伺服器上運作的私有區塊鏈，將可以減少多少成本呢？當然，並不需要在安全性與性能、整合性方面妥協。

首先，如果每天有300萬筆事務，可藉由地理性分散、透過網際網路所接續的數台雲端主體（Instance）進行處理。必要的規格是記憶體4GB，CPU只要2個Core就足夠。機器可以物理性地分散在三個區域（Region），每個區域各2台，總計6台。每個月的費用

合計不到數萬日幣。

對於這樣的試算金額，往往會看到人們出現驚訝與憤怒參半的反應，但是這真的不是在開玩笑。在這種規格下，僅需要前述最大傳輸量（Throughput）預設的CPU占有率30%到40%左右。區塊鏈的確可以讓成本大幅降低到這種程度，就算使用的是家庭用PC等級的電腦，也不需要在整合性與安全性方面妥協，即使超過最大處理量也不會停機，可以建構出零停工期的結帳系統，幾乎可以完全削減在機器方面所花費的初期費用。

再加上，除了區塊鏈原本即具備的防止重複付款（Double Spend）架構外，亦可確保被記錄資料的整合性，設計出可以單獨作為結帳系統的功能。使用前需要準備的只是區塊鏈中處理結帳的「定義」，必要的工程技術能力僅需Javascript等級即可，由於初期開發不會耗費太多時間，因此可以完全切割掉原本初期必須花費的龐大人事費用。加上安裝設定或是調整等，再怎麼評估預算，初期費用也只需要數百萬到一千萬日幣就足夠。

保守來看，如果只是需要讓區塊鏈實現零停工期的可用性架構，我們應該沒有必要每月花費到數百萬日幣。依目前的架構，為了因應可能的突然當機狀況，需要耗費龐大的成本，但是現在幾乎都不需要了，節點會自動同步複製（Clone），因此沒有備份的必要性，可以大幅壓縮災害因應的成本。

目前，各式各樣的規則制度都附有保證義務，因此為了維持服務品質往往必須耗費大量的成本，現況看來雖然無法就這樣完全消滅成本，但是，實際上也絕對不會是前述那種不合理的數字。

這樣寫出來，我們可以從利害雙方深入探究各式各樣的狀況，哪些地方、哪些部分可以變得更便宜？比較的方法是否很詭異？深

入追究這些內容，就可以明白現在無謂的成本浪費在哪裡？有多少？最後，就能夠具體展現出採用區塊鏈後的成本削減比例。

筆者曾經公開發表使用區塊鏈技術的目標是「到2018年之前可將金融機構營運成本降低至不到10分之1」，但是，或許要壓縮至不到100分之1也不是癡人說夢。為何這樣說？這是因為皆以加密技術構成的區塊鏈技術，可以分散掉在金融機構業務各個操作（Operation）下由人力所造成的性惡說風險，將其連根拔除、替換成加密簽名等區塊鏈的基本功能。也就是說，在使用相同技術的狀態下，急劇降低的不只是系統相關費用，對象還包含了更龐大的人事費用。雖然已經可以想像具體的削減金額與優點，但是，實際上花了龐大預算進行實證的金融機構，當然還是會很在意導入區塊鏈後究竟可以讓公司省下多少成本。

等待實際數值公諸於世，恐怕還需要一點時間，在這個理應到來的新興思維（Paradigm）前提下，即使私底下還有正在進行的新商業計畫也不足為奇。

▪ 從會計關帳的概念到實時結算

會計上既有的「關帳」概念，迄今也適用於系統面。然而，原本電腦上的事務概念卻並非如此。話說回來，在既有的金融系統上，每1筆事務的成本都非常高，再加上關帳處理時的沖帳費用，成本當然更高。

然而，隨著區塊鏈技術的出現，在未與既有各種安全性與整合性基準妥協的狀況下，每1筆事務的成本趨近於零。在此也產生了

新的知識，實現了「實時結算（Real Time Settlement）」的概念。關帳的統計概念也能夠放入原本即具備「事務餘額（Balance）概念」的區塊鏈基本功能內。根據商業習慣，從關帳處理到實時結算的思維轉換，不僅可以將交易對手風險（Counterparty Risk，交易對手倒債或是破產等風險）降到最低，還可以解決既有的各種棘手問題。批次處理也可以移至實時結算處理，提供真正的24小時即時服務等，一般消費者也能夠從中獲得極大的好處。

成本結構與商業模式革命

據說日本銀行營運成本的3分之1為系統營運費，另外3分之1為人事費，比方說，如果有一個可以將這兩個33%的部分，分別壓縮至不到10分之1的金融機構出現，將可能誕生在我們常識下未曾出現過的思維、新的商業模式。例如：在歐美國家出現了羅賓漢（Robinhood）等免手續費的證券交易所，利用區塊鏈技術急劇地壓縮了營運成本，因此之後若是出現對所有消費者都免收手續費，僅靠廣告收入成立的銀行也不足為奇。

實際前來本公司試水溫的亞洲某國中央銀行，就計畫要透過採取區塊鏈技術，用不到3億日幣建構出一個國家的中央銀行系統。這樣的故事儼然不再是空話，將會逐漸成為事實，區塊鏈所帶來的金融革命，正在未明處萌芽中。

▪ 與分散式DB有何不同？

　　「不需要特意使用區塊鏈，直接使用分散式DB（Database）就夠了吧！因為會更有效率！」雖然也會有突然否定區塊鏈技術的人出現，但是，為何金融機構會將大額資金投入分散式自治組織，卻不直接採用呢？原本，既有的分散式DB即是採取將資料處理這件事情分散的方式，以提升效率、降低成本為目的所開發出的資料庫。在地理性方面，雖然也安裝了自動複製（Replication）功能，但是金融機構不採用這些分散式DB是有其理由存在的。

　　從結論來看，他們並沒有想要重建所謂的結帳系統。整合性的設定項目雖然存在，但是要能夠實現100%整合性，必須耗費相當大的開發工時（Man-hour）。從技術的角度來看，分散式DB雖然能夠實現同樣的結果，但是卻會耗費多餘的時間與勞力，結果反而需要龐大的資金，因此替換掉既有系統就變得毫無意義、本末倒置。而且，因為構成方法會變得比較複雜，發生演算法錯誤（Bug）的比例也會變高，為了驗證成果，還需要花費更多的時間與成本。

　　目前主流的區塊鏈技術，主要目的並不是要分散處理的負荷量，與分散式DB有相當大的差異。說穿了，最主要的目的還是在於藉由物理性分散，完全去除停工期（Down-time）。我們持續針對資料本身的分散與處理的分散進行研究，發現目前所有的節點都可以保有相同的資料、進行同樣的工作。因此，在一般的區塊鏈世界裡，增加機器數量並不會直接提升效率。因此，關於「最少需要幾台機器？」的疑問，答案是「1台」。

　　目前的區塊鏈技術還無法戰勝最新的分散式DB資料庫最大傳

輸量性能，區塊鏈所擁有的最大優點在於可以確保目前金融系統等必要處理量的資料整合性、藉由物理性的分散實現零停工期，並且同時降低鉅額的成本。兩者在建構相同傳輸量的結帳系統時，在每一筆事務的成本方面，區塊鏈的成本遠低於分散式DB。

將資料出處附有加密簽名、明確且無法竄改的結帳功能做為低成本且零停工期的一站式解決方案（One Stop Solution），僅提供原始的（Native）基本功能是區塊鏈的強項。

▪ 資金支付業界的大躍進

不論海內外，持牌銀行（Licence Bank）企業受到各式各樣嚴格的規則制度所束縛。當然，這些規則制度並不是以區塊鏈為假想對象所制定的。相對於此，包含年度使用額度接近5兆日幣的日本國內電子貨幣，我們可以發現資金結算支付業界有了大幅的成長，預計到2020年這些非銀行金融機構（Non-bank）將奪走3分之1的銀行利益。

比起銀行業，非銀行金融機構在各個方面的規則制度較為寬鬆，是比較容易導入新技術的環境。不僅如此，他們還經常負有從銀行奪取經濟圈主導權的使命，並且經營商業活動，對於現場的成本意識也比銀行來得高，能夠實際讓人感受到他們對於想要領先導入區塊鏈的懸殊差異。

或許筆者認知有限，目前在日本實際認真以想要導入為前提開始動作的企業並不是銀行，而是非銀行業種。也已經有真正將區塊鏈技術導入實際系統，並且預計將在接下來數年間削減十億日幣的

個案。

　　就算規則制度再如何朝寬鬆方向鬆綁，日本對於銀行方面的規則制度要能夠立即因應這種新技術恐怕還很困難，然而，這樣的業種必定得先打頭陣才能夠獲得較大的利益吧！實際上，當這些企業能夠削減目前10分之1、100分之1的成本、實現零停工期的24小時結帳系統，並且能夠將省下的成本回饋到服務內容、消費者、投資者時，不知道專司銀行相關規則制度的金融主管機關看到這樣的現況，會有怎樣的反應呢？實在相當令人好奇。

◆ 比雲端革命更快腐蝕

　　相較於國際上的其他國家，日本企業導入雲端服務的起步較晚。甚至金融業的傾向更是強烈，在雲端革命方面，與先前比較起來，目前已經可以實現大幅度的降低成本。

　　然而，區塊鏈革命在成本壓縮率方面，與雲端革命比較起來，有規模上的差異。再者，藉由與雲端基礎設備融合，區塊鏈除了可以削減掉令人驚訝的成本，對於同業的典範轉移（Paradigm Shift）亦具有充分的變革力與攻擊力道，特別是在國際間競爭更形激烈的金融業界，擁有此新技術的大型、具有競爭優勢的銀行正受到來自歐洲與亞洲各國的攻擊。對於區塊鏈技術這種新武器的破壞力道，現在大家也僅能自擁區塊鏈技術並且與之對峙，發現這個問題、洞察危機的歐美大型金融機構開始投入大筆資金進行區塊鏈技術的研究與實證，並且將周邊相關項目綁在一起投資。

　　「雖然對方都已經實用化了，但是我們也不遲」，垂涎這個部

分、總是在旁觀望的企業所蒙受的損失根本無從計算。本章節我們將比較雲端革命的波爛，討論這些遙遙領先的大型區塊鏈革命浪潮是否已經攻入日本？

◌ 實用化儼然不是未來的課題

2016年4月，日本國內某間銀行在媒體上公開發表自2015年年底起開始3個月針對區塊鏈所實施的實證實驗結果。該實驗的前提是必須為適用於銀行系統的區塊鏈，並且正式使用本公司Mijin產品者。

實驗內容是在「亞馬遜網站服務」上的6台雲端伺服器上開立250萬個帳戶，並且特別另外準備可以用來匯款、存錢、領錢、餘額查詢、交易明細查詢等的業務應用程式，根據業務情境腳本，實際在區塊鏈上實行作業。

在這幾個月之間，藉由機器人使之每1小時持續產生9萬筆事務，並且故意讓6台伺服器中的5台當機、發生障礙，並使用駭客程式嘗試竄改區塊內的結帳資料等，以實用為前提進行所有的實驗。結果，以區塊鏈建構的結帳系統，不要說是停機，連效率下降的情形都沒有發生。這個實驗將過去僅聽到提供技術的我方「嘴巴說說」的區塊鏈技術，經由第三方客觀實證了其因應竄改性、對付攻擊性以及可用性。

目前已在歐美國家發表的「區塊鏈實用化」計畫，雖然主要適用於最大傳輸量較低、商業風險較低的交易後（Post Trade）領域，但是不論如何，看到實際數值後得出的結論是「區塊鏈適用於

銀行結帳系統」，這個劃時代的實驗如果是在日本國內施行將會成為一個可以大書特書的事件。不僅是與本公司產品相關的實驗，日本國內也正在進行堪稱具有世界前瞻性等級的金融商品與物流等實驗，也就是說，現況看來在技術上日本並不算落後，但是「在區塊鏈技術的宣傳方面」，比起歐美國家，日本可以說是敬陪末座，日本國內的參與者必須在宣傳方面多多重視，並加以改善。

■ 結語

本章節寫到這裡，各位應該可以理解法國巴黎銀行研究員——約翰‧派瑞查特曾針對區塊鏈寫下的以下評語，絕對不是在開玩笑的。

「區塊鏈技術可與蒸汽機、燃燒機同列為世紀性的發明，不只在金融界，它也會用不同樣貌隱藏在其他領域之中」。

事實上，區塊鏈技術目前已從最先注意到其力量並開始進行龐大投資的金融業界向外擴大至其他領域了，筆者預測與金融業界有互相合作關係的物流業與保險業也將藉由該技術獲得更大的利益。在近幾年內，透過區塊鏈技術，不需人類介入即可自動執行，沒有不履行、不當的風險的「智能合約」時代即將到來。

我們應當讓區塊鏈技術得以順利進行整體性的發展並且運用之，如果沒有確實理解公鏈型「不需信任第三方」的前瞻性及其優點，就無法正確理解從中犧牲一部分的特徵，並經過改良的私鏈型特色。藉由兩者共存，方可實現更有效率的理想型區塊鏈世界、出現能夠獲取更多利益的機會。

2016年春天，區塊鏈出現在日本媒體上的次數越來越多，或許也可以說是在迎接「區塊鏈元年」，現在就讓區塊鏈成為新技術明星或許還操之過急，但是到了2017年說不定它就會和雲端技術同樣成為一般技術用語，並且可以在各個領域的背後運用「區塊鏈的能力」作為基礎技術之一。

區塊鏈的經濟模式

慶應義塾大學SFC研究所訪問研究員　　齊藤 賢爾

　　區塊鏈是由構成節點（的擁有者）自由參加所實現的架構，因此為了維持運作必須要有一些誘因（Incentive）才行。如果沒有適當地給予誘因，就無法期待參與者會為了區塊鏈的穩定動作而提供自發性的貢獻，因此誘因的設計相當重要。

　　本章節將針對包含誘因設計的區塊鏈經濟模式，並且用與之有密切關係的POW（Proof of Work，工作量證明）經濟面為中心進行解說。此外，目前狀況顯示在一般性的區塊鏈設計上，若參與者表現出徹底利己的動作時，可能就無法維持正常運作。期望透過上述說明，提供各方作為思考今後區塊鏈以及其他分散式帳本技術（Distributed Ledgers）經濟模式設計之基礎。

▪ 前言

　　區塊鏈是由構成節點（的擁有者）自由參加所實現的架構，並且以對等式網路（P2P）思維所維持的一種分散式分類帳技術。

　　在P2P內，假設構成的節點都只會採取利己的動作。如此一來，為了促進參與者依通訊協定（Protocol）進行協調性的動作，就必須設置一些可以成為誘因的機構，因為我們無法期待參與者會無條件地遵循通訊協定，因此一般都會搭配包含誘因機構的經濟模

式。

　　爲了舉例說明P2P系統上經濟模式的重要性，我們可以思考以下這個「P2P的拍賣問題」。

P2P的拍賣問題

1. 參與者透過P2P一起處於拍賣系統內，參與者A展出了相當有魅力的商品，並且委託網絡上與A鄰近的3位參與者B、C、D傳送展品資訊。

2. A雖然期待會有很多參與者投標，但是至截止期爲止，卻只有鄰近的B、C、D投標，恐怕是B、C、D害怕增加對手，而未將展品資訊傳送出去。

　　參與者會期望透過拍賣取得超出傳送展品資訊這件事的利益，爲了解決這個問題，必須準備對於未傳送展品資訊的處罰（產生不好利益）。

　　如此一來，爲了使P2P系統實用化，在以任何形式納入經濟模式時（如同這個拍賣問題），皆可能會有因爲利己的理由而背棄協定、不願意爲了維持系統做出貢獻、只想要獲得好處的參與者（Free-rider，所謂的搭便車者）存在。

　　例如：在P2P上的資料發布系統——BitTorrent [Cohen, 2003]，對於不提供上傳頻寬（Bandwidth）的Free-rider，則會限縮其可以下載的頻寬，用「以牙還牙，以眼還眼」的方式，試圖藉由經濟模式維持系統的健全性。

（註）[Cohen,2003]爲參考文獻，本章節最後將彙整參考文獻統一介紹之。

　　同樣用P2P思維所創建的區塊鏈也有經濟模式存在，本章節的

目的即是要具體勾勒出這個模式。

　　本章節將從支援比特幣以及其他眾多區塊鏈的POW（工作量證明）與 POS（Proof of Stake，權益量證明）等技術的經濟面進行解說，讓各位了解用來維持區塊鏈的經濟模式基礎思維。

▪ 區塊鏈與POW

何謂POW？

　　所謂POW是一種在分散式系統設計上的經濟學策略，可以利用投入資訊處理資源的證明，抑制不當行為，資源投入會耗費成本，但是我們可以在驗證該結果時準備幾乎不需要花費任何成本的門檻。等到確認當事人有實際投入資源後，再開始提供服務或是核准優先進行處理，以抑制SPAM（垃圾郵件）或是DoS攻擊（Denial of Service Attack，阻斷服務攻擊）等不當行為。

　　舉個POW的例子，在最初提及比特幣概念的論文[Nakamoto, 2008]中有介紹到的Hashcash[Back, 1997]，這是用來抑制垃圾郵件的策略，利用SHA-1 Digest（雜湊值）的最初20bit（1997年時）變為0的亂數，在郵件開頭加上戳記。如此一來，每一封電子郵件的寄件準備時間僅需1秒左右，收信方的驗證也僅需一瞬間，一旦戳記無效就會被歸類為垃圾信件。雖然一般在寄送電子郵件時沒有什麼窒礙難行之處，但是，如果是要一口氣發送數百萬封郵件時，往往會因為被系統視為垃圾郵件而受到很大的影響。

（註）SHA-1為Secure Hash Algorithm 1的簡稱，由美國國家安全局（NSA）所提出，並於1995年由美國國家標準技術研究所（NIST）

作為聯邦資訊處理標準之一（FIPS 180-1）的標準化規格。

使用Digest（雜湊值）種類的POW如下所示，可作爲一般用途使用。

・找出在某目標值以下的Digest（雜湊值）資料。

在此所謂的目標，比方說像是在比特幣方面，挖礦難易度的計算來源爲一串256bit的資料，也就是挖礦時所欲搜尋的區塊頭（Block Header）Digest（雜湊值）上限值。也就是說，挖礦者會開始競相尋找這個數值以下的Digest（雜湊值）數據，目標越「低」，挖礦的難度越高。在比特幣方面，每經過2,016個區塊（約2週）就會調整新的目標值。挖礦時間的指標即是挖礦的難易度，理論上是目標的相反數。

區塊鏈上必須要有POW

在最初提及比特幣概念的論文[Nakamoto,2008]中，有著以下的敘述。

「時間戳伺服器（Timestamp Server）是連接著一些項目的區塊雜湊值（註：使用某種函數製出的數值），必須如投稿至報紙或是電子新聞般，要公開發布後才能夠繼續運作」、「爲了在P2P上實現分散式時間戳，取代如投稿至報紙或是電子新聞的發布作業，可以藉由亞當・貝克（Adam Back）所提出的，如Hash cash般的POW系統」（筆者譯）。

關於區塊鏈，在此所說的「分散式時間戳」動作，是以「透過系統內唯一的正當鏈（用來連接區塊），確保任何人看到發生經過

的履歷資料時，都能夠維持相同的意思表述」這樣的思維創建而成的。然而，如果在區塊鏈尾端追加新區塊是由自由參與者們（挖礦者們）同時追加不同的區塊時，區塊鏈經常會出現分歧的危險。

一般而言，區塊鏈會在分歧的複數鏈之中，運用一些方法計算後，僅讓分數最高者為有效，也可以粗略想成是「最長的鏈為有效」。區塊鏈就是藉由這些挖礦者透過「製作最長鏈的競爭」來維持的。

參與這種競爭的成本如果為零，那麼任何人都可以從過去的任何區塊中自由延長成新的鏈，企圖改寫歷史，因此，為了預防這種不當情形發生，必須要設立參與競爭的成本門檻，於是採用了POW，投入最大成本的鏈可以贏得競爭，成為最終有效鏈。當然，也可能會有不懷好意的參與者們投入成本，但是如果正確的挖礦者投入總成本沒有向上提升，不當的鏈也無法超過正確的鏈、繼續延長。

說得更嚴謹一些，區塊鏈會將挖礦者從1開始依序編號，所有的挖礦者數為 n，其中惡意（或是故障）挖礦者數為 f，將 Ri 作為節點 i（$1 \leq i \leq n$）投入的資源時，投入資源合計為 R 與其中自不當節點所投入的資源合計為 F，分別定義為 $R = \sum_{i=1}^{n} Ri$，$F = \sum_{i=1}^{f} Ri$。概念上如果要維持 $R > 2F$，「任一個」最長鏈的紀錄必須是正確履歷，也就是說，在此嚴密設定了「51%攻擊」的判斷條件，表示實際上如果發生「50%攻擊」時，即無法保證正確動作。

然而，還必須遵循以下的前提條件。

區塊鏈的POW前提條件：

・所有的（正確）交易與區塊都必須傳遞給所有的（正確的）挖礦者。

POW所需面對的課題

在比特幣的POW方面，區塊頭的雙重SHA-256 Digest，基本上是從前一個區塊繼承256bit目標值以下的工作量證明。

這個部分會出現以下的課題：

1. 為了競爭，每次產生區塊時，都會增加能源的消耗量。

・單位時間內的Digest計算越多者越有利，因此會變成一直在集中消耗能源（表示每秒能源消耗量單位的瓦特數提高）。

2. 計算能力有集中的傾向。

(a)計算邏輯ASIC（特殊用途IC）化，從POW上的優劣確認可以搭載幾片晶片，在貨幣經濟上有「持有者」或是「未持有者」的問題。

(b)建立具有「可獲得區塊產生報酬平準化（Leveling）」的礦池（由複數挖礦者共同合作協助進行挖礦的架構），讓挖礦者的參與呈現雲端化（服務化）方式，積極促使挖礦者參與或是退場，並且擴大規模。

3. 計算邏輯與維持區塊鏈的動機無關。

・也就是說，即使沒有保存所有的區塊，也可以自行挖礦。雖然如果無法保存所有的區塊，交易驗證後，會無法組成新的區塊，但是可以使用電子錢包用的輕量級驗證協定，即使有延遲的問題，在原理上還是可依賴其他節點進行驗證。

面對這些課題，解決方案如：以太坊[Buterin, 2014a]的POW演算法。當初被稱之為Dagger Hashimoto的以太坊計算法[Buterin, 2015]，是藉由組合對區塊鏈資料頻繁的記憶體輸出入部分（Hashimoto），對有向無環圖（Directed Acyclic Graph, DAG）的檢索部分（Dagger）來抑制ASIC化，也可以藉由精簡節點（Thin Client）的方式進行驗證，成為賦予維持區塊鏈資料動機的POW演算法。

■ 比特幣POW的現況

價格的變化

如後所述，比特幣中的POW樣貌會因為投入的電力以及其所產生的利益關係而發生變化。在此所謂的利益是指產生一個區塊的報酬與交易手續費的BTC價值，POW相關變數（投入成本／難易度以及實際挖礦的平均間隔時間等）都會使BTC的價格受到影響，因此為了確認POW的現況，必須經常監控與價格變化的關係。在此，先於圖表3-2-1顯示出BTC過去2年內的價格變化（出處：blockchain.info）。其中有一項特徵是價格持續下跌至2015年1月左右探至谷底，同年11月左右又急遽攀升。

挖礦間隔時間變化

關於POW，可以從比特幣網絡取得的資訊實際上非常少，放在區塊頭的時間戳以及目標幾乎是唯一的資訊來源（目標會以壓縮

的形式被收納至區塊頭內）

　　圖表3-2-2中顯示比特幣在過去2年內的挖礦間隔時間變化（出處：blockchain.info）。這個圖表的出處標題（原文為英文）為「交易驗證時間的平均值」，但是在比特幣交易資料中並不含有時間戳，因此無法實際計算出各個交易被驗證（也就是指被放入區塊內）時間的平均值。因此，這個圖表所顯示的僅可推測鄰接的區塊頭時間戳差值（的平均）。

圖表3-2-1　BTC市場價格的變化（過去2年至2016年4月22日之間，出處：https://blockchain.ingo/ja/charts/market-price）

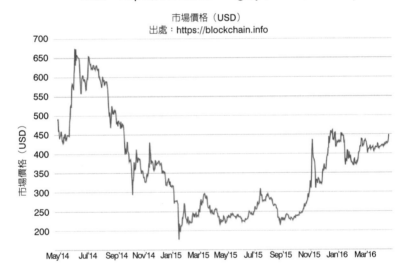

市場價格（USD）
出處：https://blockchain.info

圖表3-2-2　挖礦間隔時間變化（過去2年至2016年4月22日之間，

　　　　　　出處：https://blockchain.ingo/ja/charts/median-

　　　　　　confirmation-time）

　　　　　　註）基準線（10分鐘）為筆者強調用

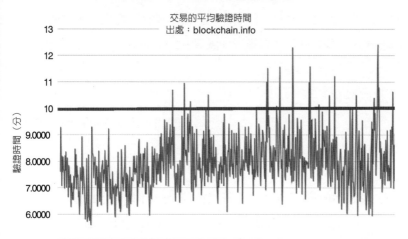

從這個部分來看，這張圖表在此可以解釋為「挖礦間隔時間變化」，基準就是比特幣協定上的目標值——10分鐘。從圖表上可知幾乎所有的時間都在挖礦間隔平均值10分鐘之下。這個部分基本上對挖礦這件事來說，顯示持續有更多的成本投入（挖礦者協助擴大事業規模，或是持續有挖礦者加入）。

相反的，挖礦間隔時間高於10分鐘時，則表示投入成本相對較低。從圖表看來，過去所指定的那些目標，反而會造成投入成本相對性地急遽下降（挖礦者退場）。2013年11月至2014年4月也有顯著的傾向，但並未收納在所刊載的圖表範圍內。

另一時期，2014年12月左右至2015年7月左右（BTC價格低迷期），發現挖礦的難易度有降低的現象，這個現象顯示挖礦間隔時間比目標時間更長，也就是說對於指定之目標，投入成本相對下滑。

之後，2015年11月，隨著BTC的價格攀升（隨之投入的成本急遽攀升），難易度也急遽攀升（圖表3-2-3）。

雜湊率變化

圖表3-2-4顯示比特幣在過去2年之間的雜湊率（每秒雜湊值計算總次數）變化（出處：blockchain.info）。

圖表3-2-3　挖礦困難度的變化（過去2年至2016年4月22日之間，出處：https://blockchain.ingo/ja/charts/difficulty）

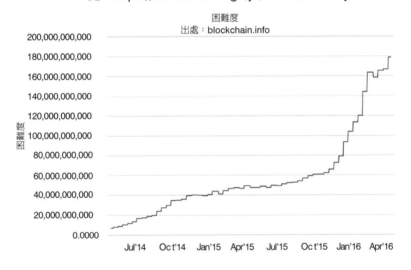

挖礦間隔時間（時間截差值）與挖礦難易度（從目標直接得到的數值）不同，雜湊率並不是從比特幣網絡直接計算出來的數值。因爲不是由挖礦者本身自行申告Digest的計算次數，故可以推測這裡的雜湊率是根據目標所得到的挖礦成功率與實際挖礦成功時間之間的關係，所導出的理論值。

從圖表3-2-4來看，2015年11月左右價格開始攀升，雜湊率也急遽攀升，然而，雜湊率是根據難易度與挖礦間隔所產生的數值，考量挖礦間隔時間幾乎維持一定，因此推測雜湊率會與難易度會有相同的變化。

圖表3-2-4　雜湊率的變化（過去2年至2016年4月22日之間，出處：https://blockchain.ingo/ja/charts/hash-rate）

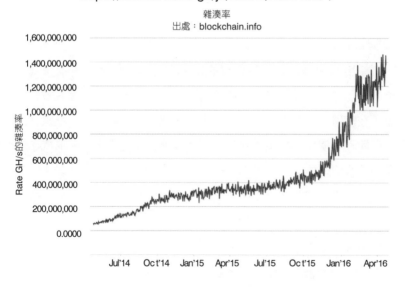

從圖表可以看出隨著雜湊率攀升，每單位時間的振幅變大，但

是隨著難易度上升，恐怕在雜湊率的計算方面，也有助於使挖礦間隔時間的比率變大。也就是說，將挖礦間隔時間通通變成1秒，難易度變高時，必要的雜湊率在計算上就變大，根據準確率情形，即使挖礦間隔時間的振幅維持穩定（實際上幾乎是穩定的），隨著難易度上升，雜湊率的振幅看起來也會變大。因此，實際上雜湊率的振幅是否真的有變大，在這裡是無法確認的。

實際的雜湊率振幅反映出為了挖礦而在比特幣網絡上運作的晶片數量變化情形，目前的挖礦都是由持有大量硬體的業者所支配，對於價格變化反應敏感，因此可能會汲汲營營地控制電源的投入。

◦ 比特幣POW的經濟

令牌經濟

使用區塊鏈等技術所實現的電子支付憑證代碼——令牌（代幣），已經可以在現實生活中使用貨幣進行買賣，並且擁有貨幣價值。在使用各種令牌的世界裡，不論是像BTC般通用的交換媒介或是任何限定使用於特定用途者，都代表著一種交換價值，形成了所謂的「令牌經濟」。

在令牌經濟方面，運用如「以太坊」[Buterin, 2014a]等技術時，實際上會在區塊鏈這類基礎架構上運作，並且在產生令牌之前進行預售，是一種用來取得開發資金的手段。

（註）以太坊相關內容請參照第5章

至少，在比特幣的令牌經濟方面，價值的依據與投入成本有著

密切的關聯性，價格也與POW密切相關。

BTC的需求與供給

比特幣等數位貨幣的價格與POW關係密切的理由在於：POW與貨幣供給有著深切的關聯性，而價格一般都是由需求與供給來決定的。

[Iwamura et al., 2014]中曾經針對這點進行詳細的分析，將其當作BTC價格不穩定的一個原因，並且要求比特幣對於令牌的需求不得反映在供給上。圖表3-2-5為BTC的需求／供給曲線。

圖表3-2-5　BTC的需求／供給曲線

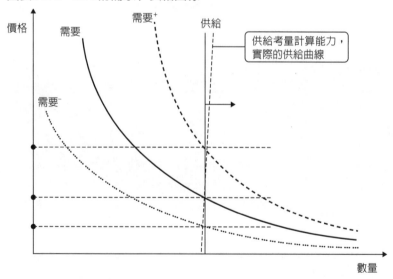

在一般商品（包含貨幣）的需求‧供給曲線方面，需求是在左上方的曲線，供給是在右上方的曲線，價格是供需達到最適當的點

（需要曲線與供給曲線的交叉點）。相對於需求增減的變化，反應
供給量的增減，對於價格變化的衝擊會較為緩和。

　　另一方面，對於BTC的新供給，僅訂定了平均每10分鐘產生1
次區塊所給予的報酬，以及該報酬會在每21萬個區塊後有所變化的
規則，基本上供給曲線是垂直站立的（嚴格來說，BTC的供給曲線
稍微偏右，當需求提升、價格向上變化時，在目標被調整之前，隨
著投入成本的增加，供給量也會稍微增加；需求變小時，則會產生
相反的變化）。

圖表3-2-6　交易量的變化（過去2年至2016年4月22日之間，出處：
https://blockchain.ingo/ja/charts/n-transactions）

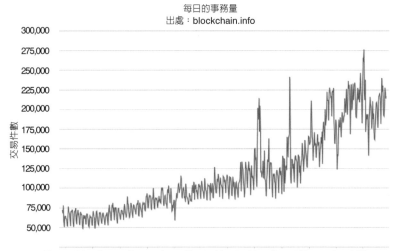

　　圖表3-2-6顯示比特幣的交易量變化（出處：blockchain.
info）。目前透過BTC的匯款大多為BTC本身的買賣，因此這張

圖表可以說是顯示了對BTC需求的變化，可以將這張圖表與圖表3-2-1比較看看，就能發現對於BTC的需求會敏感地反應在價格變化上。而且，價格會直接受到需求的影響，因此可以看到價格急遽攀升或是下跌。

比特幣方面，POW的狀態不只會受到BTC價格變化的影響，POW的設計也與BTC的價格變化密切相關。

POW系統的特色

在此，將在BTC上的POW系統經濟學特色[Iwamura et al., 2014]，利用簡單的數學公式模擬表示如下。

將BTC的市場價格設為P，每單位時間的BTC供給量為Z，挖礦者數量為n，為了單純化，假設所有的挖礦者計算能力皆相等，每單位時間的挖礦報酬市場價值（Benefit）可表示為$\frac{PZ}{n}$。

此外，若將每單位時間的挖礦成本表示為C_m，當$C_m < \frac{PZ}{n}$時，挖礦者就會投入計算能力，並且參與競爭（n上升），當$C_m > \frac{PZ}{n}$時，挖礦者退場（n下降）。

由於這個關係會成為負回饋，長期下來會變成$C_m = \frac{PZ}{n}$，並且趨於穩定。

這個參與與退場的原理（幾乎）不會影響BTC的供給。

在比特幣方面，每一次挖礦所能得到的報酬會在每達到21萬個區塊時減半。從2009年1月系統開始運作的初始報酬為50 BTC，到了2012年11月為25 BTC，現在平均約8分鐘會產生1個區塊，用這種速度繼續下去，到2016年7月左右就會累積達到42萬個區塊，下

一次減半大約在4年後，報酬會變成12.5 BTC。

挖礦競爭白熱化的結果，目前投入的電力成本與挖礦所獲得的報酬，雖然可以如前述公式達到平衡的狀況，但是，如果報酬減半（BTC價格變為2倍時則另當別論），許多挖礦者恐怕會因為無法維持營運，而不得不退出。一旦挖礦者退場，競爭就會趨緩，攻擊的門檻就會相對變低，意味著靠著電力投入成本維護的比特幣安全性也會隨之降低。

IBC（Improved Bitcoin）的可能性

針對POW與令牌價格的課題，[Iwamura et al., 2014]中揭示了改善的可能性。

將平均挖礦間隔時間設為θ、難易度為d、從目標之挖礦間隔間（10分鐘）所能獲得的常數為k，即可以用$\theta = k\dfrac{d}{n}$的公式表示。

於是，將每單位時間的BTC供給量設為Z，θ與挖礦的報酬量為V，可寫成$Z = \dfrac{V}{\theta}$。

另一方面，在挖礦者所能夠獲得的利益方面，如前述公式，可表示為$\dfrac{PZ}{n}$。

根據這種關係性，[Iwamura et al., 2014]將POW的動作修正，並且提案如下：

（提案1）配合價格P，增減挖礦報酬量V。

　　　　但是，這時候系統必須參照市場狀況。

（提案2）平均挖礦間隔時間θ過短時，不調整難易度d。

不論哪一種提案，隨著價格上升、增加新的令牌供給量時，供給曲線通常會接近右上方，因此可期待有著促使令牌價格穩定的效果。

此外，如果是供給曲線垂直的問題，可能是因為挖礦者頻繁參與、退場，以及因為沉沒成本（Sunk Cost，隱沒費用＝無法回收的固定費用）而導致退場延遲（硬體閒置、控制電源以調整運行成本（Running Cost）），對於價格的變化會在某種程度上反映在供給面，並且有助於價格穩定。

■ POS（Proof of Stake）經濟

何謂POS

POS（權益量證明共識演算法）是一種讓產生區塊的機率隨著令牌持有者增加而上升的方法，如果將令牌視為一種投入資源，在此讓各位看一個一般性的POS具體範例。實際上，POS通常會以「使用Digest的POW」形式來表現。

$$H^n(PD+id+t...) \leq \frac{2^n \times balance}{d}$$

・H^n：輸出n bit值的密碼學雜湊函數（如SHA-256、n=256）。

・PD：前一個區塊Digest。

・＋：表示連接。

・id：帳號識別字（如公鑰的Digest）。

・t：時間（如UNIX時間、秒）。

· *balance*：該帳戶的令牌餘額。

· *d*：難易度（如令牌的總量）。

POS被認為具有以下優點：

1. 能源消耗較低（可忽視）。

2. 資源集中更爲困難（若不當參與者擁有過半數的令牌，就會造成問題）。

POS的問題

乍看之下或許會有著在比特幣等方面，POS比POW來得優異的印象，但是設計POS時，基於以下所述的理由，我們發現實際上並無法健全、正確維持區塊鏈。

囤積令牌

在POS下，持有越多令牌者越有利，因此往往會有囤積令牌卻不使用的傾向，因而阻礙數位貨幣等貨幣媒體的基本功能。

在因應對策方面，有人提出一種被稱之爲「Proof of Stake Velocity」的方法，這種方法的概念是降低持有舊令牌者的評價，也被瑞迪幣（Reddcoin）[Ren, 2014]等所採用。

「毫無利害關係」的問題

最根本的問題在於POS方面的資源投入成本過低，因此不具有能夠像比特幣POW般維持區塊鏈的功能。

將這個問題當作「毫無利害關係」（Nothing at Stake）問題，

並且進行整理[Buterin2, 2014b]。因事故或故意造成區塊鏈分歧時，當參與者眾多，由於雙方的區塊鏈都擁有相同數量的持份，因此可以選擇兩邊都投入並進行挖礦計算，也沒有讓人想要收拾殘局的誘因，也就是處於毫無利害關係的狀態（圖表3-2-7）。

　　再者，系統開始者會一直想要全部重來，也是一個重大的問題。創世區塊（Genesis Block，區塊鏈最初的區塊）時的持份為100%（圖表3-2-8），其他參與者如果也想要持份，就會一直想要重頭開始，單就POS而言並無法抑制偽造問題。

圖表3-2-7　毫無利害關係（短期的問題）

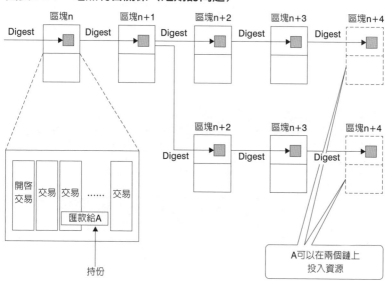

低成本的51%攻擊

　　在[Houy, 2014]的論述中，POS系統的攻擊者幾乎不需要花費

任何成本就可以取得過半數的令牌。

攻擊者首先會表明有取得過半數令牌的意識，以及以此作爲具有充分資金的證據。這樣一來，我們就無法期待系統維持正常狀態，因爲令牌價格會急遽下跌，這就是一種購買令牌、占領持份的方法。

藉由這種方法，原理上幾乎可以不用支付任何成本，就取得過半數的令牌。

圖表3-2-8　毫無利害關係（長期的問題）

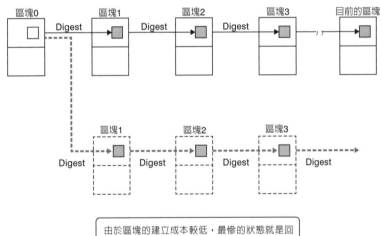

由於區塊的建立成本較低，最慘的狀態就是回到創世區塊，因此可以僞造截至目前爲止的區塊鏈

▪ 利己的節點與區塊鏈

當有極端利己動作的節點存在，就難保區塊鏈可以在毫無破綻的狀態下運作。如前所述，採用區塊鏈方式時，會有一些與網絡相關的前提條件，當那些前提條件被顛覆，形成的共識就會破局。這些所謂的前提條件是指「有在網絡上廣播（Broadcast）的交易」，或是「必須將結案的區塊傳送給所有參與者」。

比較容易想像的狀況是當接收到指定高額手續費的交易時，我們要讓渡給其他挖礦者必須特別警戒，並且不該轉送該交易，此時，該挖礦者如果能夠成功挖礦，該區塊就會被廣播，交易會被組合成區塊鏈。但是，這很可能會引發更具破壞力的事態。

無秩序的P2P網絡，一般會受到網絡截斷攻擊。這種攻擊被稱為「Eclipse攻擊」（圖表3-2-9）。

這種攻擊是因為背叛者切斷網絡，故意不將資訊傳送至彼此的子網絡（Subnetwork），使得彼此看不見對方，這個部分在區塊鏈內意味著「鏈將永遠分歧」。

這種攻擊，與投入至POW的資源總和R無關，僅會破壞區塊鏈的動作條件。

針對Eclipse攻擊，在比特幣／區塊鏈的脆弱性方面已有相關研究存在[Heilman et al., 2015]，這個研究中亦提出了改善方案，並且有部分內容已被比特幣的開發自治團體所採用。

此外，亦有適用於一般區塊鏈的研究[澀田, 2015]，這是一份認為提出的改善方案不夠充分的統括式研究。

被視為針對區塊鏈並且有不特定多數人參與的狀況下，不容忽視Eclipse攻擊，必須要有一些因應對策才行。

而且，在比特幣方面，挖礦計算本身並不需要區塊鏈內的資料，亦不需要進行交易驗證，可以依附在其他節點下。如果是利用其他節點的服務，自己就不需要維繫區塊鏈，而可能成為僅參與挖礦的Free-rider（不負擔成本，僅獲得利益者）。

　　將自己原本追求利益所需付出的成本，轉由其他所有參與者共同負擔（如此一來，全體成員都會變成只想要追求自己的利益），就會變成和「公有地的悲哀」相同的模式[Hardin, 1968]，最後當所有人都變成Free-rider，區塊鏈的結局就有了走向消失的可能性。

圖表3-2-9　Eclipse攻擊的概念

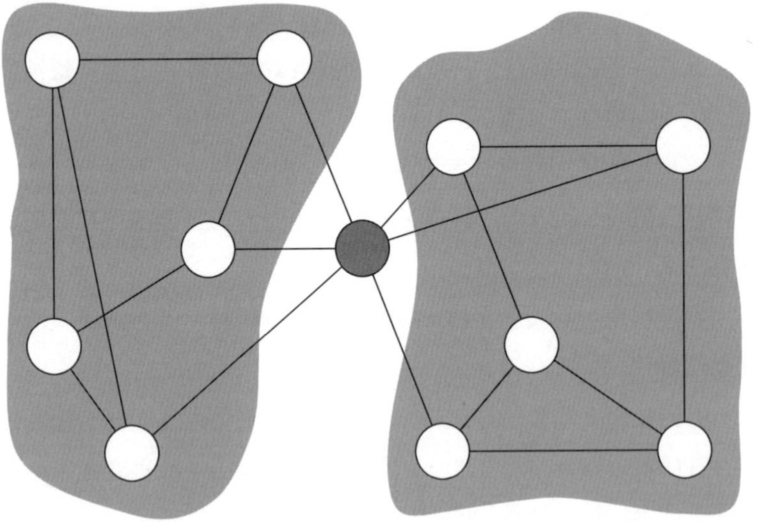

▪ 結語

　　本章節針對區塊鏈的經濟模式，從與之有密切關係的POW經濟面為中心進行解說。

　　如同各位所知道的比特幣，在令牌經濟中，令牌價格的不穩定性，可能有部分問題出在POW的設計，對於產生區塊的報酬決定方法或許還有改善的空間。此外，關於徹底利己的行為，區塊鏈有著如此脆弱的一面，可以說完全取決於參與者的善意與惰性，今後還需要因應對策來協助處理相關議題。

　　再者，只是假設參與者會有一些利己的行為而擬訂對策，並無法有效防範因應這些攻擊，也就是說必須要針對那些看得到、單純具有破壞衝動的攻擊，考量因應對策，前述的Eclipse攻擊即是一例。

▪ 參考文獻

[Back, 1997] Back, A. (1997). Hashcash. http://www.cypherspace.org/hashcash/.

[Buterin, 2014a] Buterin, V. (2014a). A Next-Generation Smart Contract and Decentralized Application Platform. https://github.com/ethereum/wiki/wiki/White-Paper.

[Buterin, 2014b] Buterin, V. (2014b). Slasher: A Punitive Proof-of-Stake Algorithm. https://blog.ethereum.org/2014/01/15/slasher-a-punitive-proof-of-

Stake-algorithm/.

[Buterin, 2015] Buterin, V. (2015). Ethash.

https://github.com/ethereum/wiki/wiki/Ethash.

[Cohen, 2003] Cohen, B. (2003). Incentives Build Robustness in BitTorrent. (The First Workshop on Economics of Peer-to-Peer Systems).

[Hardin, 1968] Hardin, G. (1968). The Tragedy of the Commons. Science, 162.

[Heilman et al.,2015] Heilman, E., Kendler, A., Zothar, A., and Goldberg, S. (2015). Eclipse Attacks on Bitcoin's Peer-to-peer Network. In Proceedings of the 24th USENIX Conference on Security Symposium.

USENIX Association.

[Houy, 2014] Houy, N. (2014). It Will Cost You Nothing to 'Kill' a Proof-of-Stake Crypto-Currency.

http://ssrn.com/abstract=2393940.

[Iwamura et al., 2014] Iwamura, M., Kitamura, Y., Matsumoto, T., and Saito, K. (2014). Can We Stabilize the Price of a Cryptocurrency?: Understanding the Design of Bitcoin and Its Potential to Compete with Central Bank Money.

Discussion Paper Series A No.617, Institute of Economic Research, Hitotsubashi University.

[Nakamoto, 2008] Nakamoto, S. (2008). Bitcoin: A Peer-to-Peer Electronic Cash System.

http://bitcoin.org/bitcoin.pdf.

[Ren, 2014] Ren, L. (2014). Proof of Stake Velocity: Building the Social Currency of the Digital Age.
http://www.reddcoin.com/papers/PoSV.pdf.

[澁田, 2015] 澁田,T(2015). 一グローバル台帳暗号通貨のエクリプス攻撃脆弱性分析. 修士論文. 慶應義塾大学　大学院　政策・メディア研究科.

金融服務方面的應用

後藤Atsushi

日本大型銀行參與了金融交易聯盟「R3CEV」（http://r3cev.com/），使得區塊鏈在金融領域方面的應用，受到了相當大的矚目。另一方面，具體而言，區塊鏈可以做些什麼？又有怎樣活用的空間？尚處於剛開始討論的階段。

本章節將盡可能排除技術性的討論，針對該如何在金融交易領域活用區塊鏈做一綜觀性的探討。

■ 何謂區塊鏈？

既有的中央集權管理型資料庫，存在著中央管理者，中央管理者可以決定要將成本投入哪一個系統，因此會大幅影響安全性與可用性等，特別是金融業對於基礎建設要求高度堅固性，結算支付類的系統往往需要與外部合作，因此具有高成本、大規模開發、高維護負荷等特徵，與其他公司資料有合作方面的限制，甚至還有缺乏製作與擴充性等問題點。此外，為了表示沒有竄改之虞，還必須建構龐大的事務程序與驗證、監察機制。

面對這樣的狀況，區塊鏈挾帶著以下特性粉墨登場。

· 當事者之間的交易資訊不經由中央系統，而是直接將具有

整合性、正確性的資訊寫入資料庫。

- 寫入的資料不能竄改=已成定局（不可逆性）。
- 寫入的資訊，可以由所有人、在任何地點檢索（快速驗證／確認）。
- 利用網際網路，不需要進行大規模開發，低成本、高安全性、可持續運用。
- 區塊鏈上可以寫入任何資訊（高度擴充性）。
- 滿足特定條件時，區塊鏈上亦可以附有寫入交易資訊的架構（智能合約）。

所謂區塊鏈，不只是單純用來記錄交易資訊的資料庫，也可以說是一種「交易執行管理套件」（Package），藉此取得使用者之間的交易資訊，驗證其正確性，並具有難以竄改記錄的技術、低成本、高安全性、不需要擔心停工期，以及可以永續使用等優點。特別是在金融界的應用方面，在零停工期的低價位系統、削減驗證成本的可能性、高安全性等方面備受矚目。接著，讓我們來思考一些具體的用途。

▪ 運用於資產交易方面的探討

區塊鏈在金融領域方面的運用，通常可以大致區分為資金交易的運用，以及資產（Asset）方面的運用，首先來思考一下資產交易的部分。

目前債券與股票都已經電子化了，這些交易的實質內容可以置

換爲證券結算機關的所有權。電子式的資訊所有權移轉，可以說是區塊鏈的專長，今後在金融交易方面的利用，將會以資產交易爲主進行檢討，以下是運用區塊鏈作爲證券結算支付的基礎建設使用範例。

【用於證券結算支付（股票、債券）的交易】

(1) 既有的證券結算支付架構

　　首先來思考一下既有的證券買賣情形，證券最終的過戶動作會由證券集中保管機構（Central Securities Depository, CSD）來進行（圖表3-3-1）。日本國債是由日銀網路，美國國債是由美國聯邦儲備通信系統（Fedwire），日本股票等則隸屬於證券保管機構（Japan Securities Depository Center, Incorporated）。交易最後會在證券集中保管機構完成買賣雙方之間的過戶動作。但是，在那之前必須先進入證券公司與清算機構，由於資訊必須歷經多重機構的傳遞，因而成爲時間與成本增加的原因。此外，清算機構（日本方面爲日本證券清算機構（Japan Securities Clearing Corporation）等）所扮演的角色爲彙整與同一交易對象的交易，進行軋差（Netting，交易時先不進行結算支付，約定於特定日期彙整債權與債務後進行對沖，僅結算支付差額的部分），即可在接受債權債務時減少結算支付的風險。

圖表3-3-1　既有的證券買賣架構

【既有的證券結算支付概要示意圖】

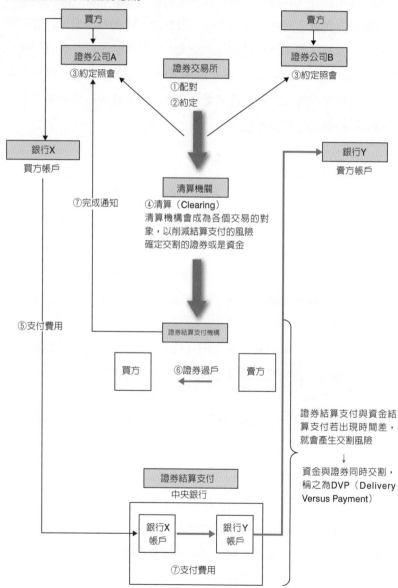

買方

賣方

證券公司A
③約定照會

證券交易所
①配對
②約定

證券公司B
③約定照會

銀行X
買方帳戶

銀行Y
賣方帳戶

⑦完成通知

清算機關
④清算（Clearing）
清算機構會成為各個交易的對
象，以削減結算支付的風險
確定交割的證券或是資金

⑤支付費用

證券結算支付機構

買方　　⑥證券過戶　　賣方

證券結算支付與資金結
算支付若出現時間差，
就會產生交割風險
↓
資金與證券同時交割，
稱之為DVP（Delivery
Versus Payment）

證券結算支付
中央銀行

銀行X
帳戶　　→　　銀行Y
帳戶

⑦支付費用

證券交割就不用說了，當然也必須進行資金結算支付，目前雖然採用DVP（Delivery Versus Payment，資金與證券同時交割）這種證券與資金同時交割的方法，但是當有時間差出現，就會產生很大的交割風險。特別是從日本購入美國債券時，往往會有管理人（Custodian，代替投資人保管股票或債券的資產管理公司）等介入，使得資訊傳遞的過程更多重、複雜化，也會提高證券與資金同時進行結算支付的困難度。

既有架構的問題點

- ・特別是在進行國際交易時，資訊傳遞基本上是採用SWIFT（提供國際金融訊息傳遞服務、使金融交易訊息標準化的協會）的架構，以期更有效率。然而，資訊的傳遞（Relay）方式並沒有改變，資訊傳遞過程一樣複雜，確認資訊是否有正確傳遞的確認成本（Confirmation）、作業成本也都會變高。
- ・由於系統會與其他中介層（Layer）連動，若要變更會相當麻煩，必須進行大規模的動作，維持管理成本較高。

　　那麼，接著再來思考如果替換成區塊鏈，可能會發生的狀況。

(2) 區塊鏈使用範例

　　首先，交易本身可以透過證券交易所將買賣雙方配對，接下來就是將證券過戶的資訊放入區塊鏈內，交易資訊寫入分散式資料庫後，證券結算支付就算完成。這時，需要另外進行資金結算支付的

動作，爲了維持證券與資金結算支付的連動性，則必須要有履約保證（Escrow）的架構（暫時從賣方與賣方取得證券與結算支付費用，在雙方備妥狀態下，同時進行交易）（圖表3-3-2）。

是誰將交易資訊放入區塊鏈的？

針對是誰將交易資訊放入區塊鏈這個問題，可以從以下不同的狀況來思考。

・由證券賣方直接放入。
・由賣方證券公司、交易所，或是由清算機構等中介層放入。

證券的賣方雖然也可以放入交易資訊，但是如果必須要讓使用者做到這種程度，恐怕在誤送內容方面的風險管理也會很麻煩，因此，應該會是由接受賣方指示的證券公司等放入交易資料！

是誰在進行區塊鏈管理？

針對是誰在進行區塊鏈管理這個問題，可以從金融交易追求快速輸入系統這一點來思考，假設非公開型、封閉型的區塊鏈是由交易所或是證券公司等出資之法人或是聯盟團體（Consortium）在營運。這時，因爲管理區塊鏈所產生的手續費可以在系統外部另行處理，所以不會有令牌（貨幣）的程序，在共識形成方面即可採用最快速的架構。

圖表3-3-2　證券交易之區塊鏈使用範例

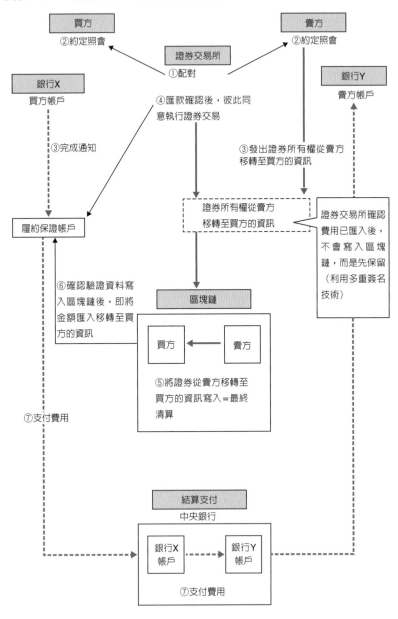

買方
②約定照會

賣方
②約定照會

證券交易所
①配對

銀行X
買方帳戶

④匯款確認後，彼此同
意執行證券交易

銀行Y
賣方帳戶

③完成通知

③發出證券所有權從賣方
移轉至買方的資訊

履約保證帳戶

證券所有權從賣方
移轉至買方的資訊

證券交易所確認
費用已匯入後，
不會寫入區塊
鏈，而是先保留
（利用多重簽名
技術）

⑥確認驗證資料寫
入區塊鏈後，即將
金額匯入移轉至買
方的資訊

區塊鏈

買方　←　賣方

⑤將證券從賣方移轉至
買方的資訊寫入＝最終
清算

⑦支付費用

結算支付
中央銀行

銀行X
帳戶　⟶　銀行Y
帳戶

⑦支付費用

160

區塊鏈的查詢權限

區塊鏈上雖然可以自由查詢任何人擁有多少餘額，但是卻無法自由查詢誰擁有多少證券，僅有管理區塊鏈的法人與監察機關具有直接查詢權限，證券公司及各個使用者可以在契約範圍內以代理取得的形式取得查詢資訊，區塊鏈本身或許也可以採取「設定固定查詢範圍」的形式。

在法制面的程序

寫入區塊鏈的過戶資訊由於難以竄改，應該可以據此作為完成證券結算支付（最終清算）的規則，但是為了適用於法制面，必須先進行一些整理程序。

清算機構所扮演的角色

清算機構所扮演的角色是減少本身接收債權債務時的結算支付風險，以及藉由軋差（Netting）的方式降低證券結算支付機構的處理量等，如果能夠透過區塊鏈，就可以立即掌握任何人擁有哪些證券，甚至實現交易即時化、完成各筆交易的總額支付（Gross Settlement）。因此，可以推測清算機構所扮演的角色將逐漸式微。

成本削減

對使用者以及證券公司而言，可以透過區塊鏈立即掌握自己所購買的證券是否已確實變更為自己的名字，大幅省略照會等的程序，並大大降低交易成本。此外，將證券結算支付機構的過戶處理系統改到區塊鏈上之後，亦可期待大幅度削減既有的中央管理式大

型系統成本。

與資金結算支付的連動性

　　僅進行證券結算支付，雖然會比區塊鏈更有效率，也可以進行即時交割，但是如果資金結算支付的方式維持現況，那麼交割的風險反而會更大。

　　如果最終的資金結算支付也能夠藉由使用區塊鏈的比特幣等電子貨幣支付，那麼就真的能夠實現證券、資金的即時結算支付，但是，恐怕還需要相當長的一段時間才得以實現。然而，即便資金結算支付維持現狀，透過履約保證（Escrow）的架構也可以實現資金與證券同時交割（DVP），預測今後履約保證使用範圍的擴展將備受矚目。

可以實現DVP結算支付的架構

　　區塊鏈的架構設計是在特定條件全部備齊的時候，方可實施交易（寫入區塊鏈），此架構簡單說明如下：

① 將證券從賣方過戶給買方的資訊發送至區塊鏈上。此時，如果購買費用匯入資訊已備妥，證券移轉的資訊就會被寫入區塊鏈。
② 買方將購買費用匯入履約保證帳戶。
③ 確認購買費用匯入履約保證帳戶後，該資訊就會發送至區塊鏈上。
④ 購買費用資訊備妥後，就會將證券移轉資訊寫入區塊鏈。
⑤ 履約保證帳戶會參照區塊鏈，確認證券名義已過戶後，即將購

買費用匯入證券賣方的銀行帳戶。

購買費用匯入履約保證帳戶的資訊若無法在一定時間內驗證，證券買賣資訊就會被廢棄，證券就會回到賣方手裡。

雖然也討論過同時進行資金結算支付的方法，但是當證券結算支付區塊鏈化後，與既有的資金結算支付處理時間乖離率會變大，隨著資金結算支付方法本身更進一步創新，預測證券與資金的同時結算支付問題終將獲得解決。

■ 運用於資金交易方面的檢討

【作為電子貨幣的可能性】

由於證券已經邁向電子化，因此若要從證券結算支付機構的資料庫上將過戶（所有權更名）這個動作變更至區塊鏈的門檻並不高。另一方面，要在區塊鏈上進行資金結算支付，必須先讓「貨幣數位化」，因此必須要有「可以在區塊鏈上記錄其所有權移轉情形」的架構。比特幣雖然就是一種貨幣數位化的範例，但是考量其穩定性、流通規模、能夠紓解的交易量等，要能夠負擔一個國家經濟活動的資金結算支付，最終恐怕還是必須進行「法定貨幣的數位化」。

然而，在區塊鏈上，若要由中央銀行發行數位法定貨幣，在法制面等整頓的負擔較大，往往難以有所進展。而且，相對於在網際網路上（區塊鏈上）自由自在的（P2P）使用者而言，交換數位化的法定貨幣時，即使是比特幣也遭受到很多的質疑，該實施怎樣的

洗錢防治因應對策這個課題正被擴大檢視中。

因此，在使用區塊鏈進行資金結算支付時，最終還是決定要藉由數位化的法定貨幣進行結算支付，在那之前可以先在限定範圍內取代零售業目前所使用的電子貨幣、集點服務、信用卡等，並且視狀況，檢討是否使用由中央銀行發行數位的法定貨幣。

【作為資金結算支付基礎建設的可能性】

在當作區塊鏈的資金結算支付基礎建設方面，資金結算支付是具有中央銀行帳戶間轉帳最終性（Finality）的架構，如果最終不是由中央銀行因應，很可能就會停留在僅用於銀行內部資金結算支付基礎建設的程度。由於資金結算支付是在銀行與中央銀行的封閉式帳戶之間進行轉帳，已經建立出大規模且非常複雜的系統架構，因此即便區塊鏈所帶來的便利性與成本削減效果再怎麼大，轉換成本過高，也是使用區塊鏈門檻較高的原因。

【作為電子貨幣、集點服務的基礎建設】

接著，再來討論一下區塊鏈用於電子貨幣、集點服務的情形（圖表3-3-3）。

由於是電子貨幣，如果能夠確實規劃好因應方案、使用範圍、區塊鏈追蹤的可能性，使用時與當事人確認，以及兌換成法定貨幣的點數等，那麼的確可能會比目前的銀行匯款更能夠適用於當地進行洗錢因應對策。

圖表3-3-3　作為電子貨幣基礎建設的區塊鏈使用範例

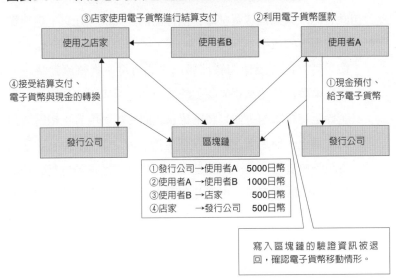

此外，特別是在區塊鏈基礎建設的成本優勢背景下，使用者間的電子貨幣匯款行為越來越活躍的話，就會逐漸擴大使用範圍，進而可能奪走零售匯款方面的銀行匯款市場。

利用電子貨幣作為預付手段，有其價值上的背書保證，但點數則是扮演著贈品的角色，而成為發行企業的負債，可以說在性質上更接近虛擬貨幣。如果使用區塊鏈做為系統基礎建設來處理點數的問題，可以讓使用者之間的往來、不同種類點數間的交換等，在網路上的流通更為便利，目前政府對於點數統合方面也表示相當有興趣，已經可以嗅到實現的味道。

未來，電子貨幣與點數如果都可以因為使用區塊鏈的基礎建設，而在零售領域的資金結算支付方面擁有極大的影響力，那麼也很有可能會出現由中央銀行發行零售結算支付專用的法定貨幣吧！

電子貨幣基礎建設——區塊鏈的應用，基本上看起來只是把發行公司既有的中央集權式資料庫替換掉而已。然而，在以下這幾點還可以達成極大的效率：

- 使用者之間以及使用者與店家之間有電子貨幣流動時，一直以來發行公司都會先確認餘額或者是否為不當利用後，再記錄至資料庫內，並且將確認資訊回覆給使用者。相對於在區塊鏈上，使用者之間、使用者與店家之間（P2P），傳送資訊時會直接被寫入區塊鏈內，此時已經是在預防竄改及不當使用的狀態下寫入，因此不需要由發行公司再進行確認處理。
- 使用區塊鏈的分散式資料庫時，成本低廉，可以24小時、365天零停工期持續運作。

【將區塊鏈作為信用卡系統基礎建設】

　　既有的信用卡，除了發卡公司以外還有各式各樣的相關參與者，因此結算支付基礎建設以及結算支付時的資料流程（Data Flow）非常複雜。

　　例如：信用卡會員在店面使用信用卡進行結算支付時，會透過店面→收單機構（結算支付）→國際信用卡組織網路（Brand Network）→使用者的發卡銀行（Issuer）這樣的路徑，再利用即時傳遞（Relay）的方式驗證是否為不當使用、可用於結算支付之額度範圍、費用資訊、銷售資訊（圖表3-3-4）。這個過程需要非常龐大的基礎建設，甚至還要再加上各個中介層（Layer）的利益，因此在這樣的結構下，往往難以降低結算支付的手續費。

圖表3-3-4　信用卡結算支付資訊的流程（既有的系統）

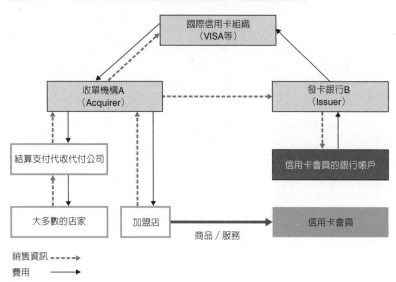

關於這個過程，如果改為使用區塊鏈，將「資訊的中介層」變更為「參照正中心區塊鏈的形式」，就會變得非常有效率（圖表3-3-5），只要有網際網路的存在，使用國際信用卡組織網絡的必要性就會下降，使用成本也會大幅銳減。

在既有架構方面，會給予店家寫入信用卡資訊資料庫的權限，並且一定得輸入結算支付資訊；但是如果能夠使用區塊鏈，除了可以預防竄改與不當使用，還能夠直接記錄店家所發送的資訊。而且，參與者可以直接參照區塊鏈的「中央資料」，不需要即時傳遞資訊。此外，由於區塊鏈可以隨時將任何人、任何地點、購買了什麼東西等全部記錄下來，因此對於行銷資訊方面的利用價值也相當高。

圖表3-3-5　將區塊鏈作為信用卡系統基礎建設之範例

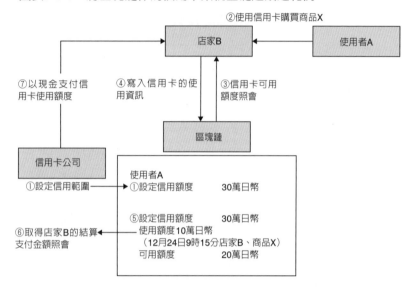

(1) 區塊鏈是否可以防範信用卡不當使用？

　　有許多信用卡側錄（Skimming，不當讀取他人信用卡或是現金卡內的磁條紀錄資訊，複製成偽卡後使用的犯罪行為）等信用卡資訊濫用、受害情形。為此，Apple Pay等行動載具內可以將信用卡的資訊隱藏，建立出一種第三方無法隨意奪取的架構，獲得相當高的評價。

　　使用區塊鏈時，信用卡卡號即是使用者的密鑰。當密鑰被盜時，同樣會被側錄並且可能會被他人隨意使用該信用卡。針對這一點，與既有的信用卡並無不同。

　　然而，區塊鏈具備多重簽名（Multi Signature）的架構，經過複數密鑰驗證後的交易資訊才能夠被寫入區塊鏈。使用上或許會有

些不便，但是當購買高額商品時，也可以設定成僅有通過信用卡本身（以及其內建的密鑰）以及持有之另一行動載具上應用程式密鑰等兩種密鑰驗證後，才可以進行結算支付。

(2)是否就不再需要發卡銀行、收單機構、結算支付代收代付公司？

使用區塊鏈，就沒有再透過成本面上最大瓶頸——國際信用卡組織網路（Brand Network）的必要性，公司本身就可以自行處理所有的信用卡相關業務。如此一來，信用卡業務方面就會出現各式各樣的新參與者，預計手續費也會下降。

另一方面，卻會出現需要尋找使用者、拓展加盟店、加盟店管理等相對應的程序，恐怕也無法完全不再需要發卡銀行、收單機構、結算支付代收代付公司。

【作為銀行內部資金結算支付的基礎建設】

接著再來思考一下，將區塊鏈作為銀行內部基礎建設使用的情況。目前同一銀行內的匯款，只要單純地在銀行中央管理型資料庫上更改餘額即可（圖表3-3-6）。

如果使用的是區塊鏈，就會開放使用者的寫入權限、由使用者進行匯款處理，相對來說可以直接通知匯款對象，該資訊也可以直接寫入銀行區塊鏈（圖表3-3-7）。

這時，銀行方面不需要再進行餘額驗證相關程序，也不需要在意系統的停工期，就可以在低成本狀態下實現24小時、365天的運作。

圖表3-3-6　目前的銀行內部匯款系統

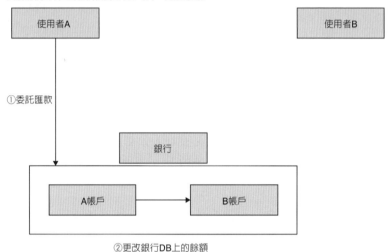

目前的使用者A要匯款給使用者B（同一間銀行內）

圖表3-3-7　將區塊鏈作為銀行內部匯款系統的使用範例(1)

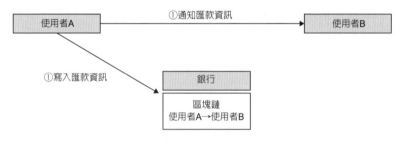

　　然而，銀行要對使用者開放DB寫入權限這件事情，有相當高的門檻，恐怕單純替換既有資料庫的措施會比較實際（圖表3-3-8），也可以大幅削減系統的維護管理成本。

圖表3-3-8　將區塊鏈作為銀行內部匯款系統的使用範例(2)

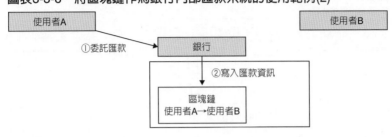

【作為銀行間的資金結算支付】

接著，再來思考一下，不同銀行間的匯款情形。目前的架構是先透過銀行間的電報，使用者雖然是在營業時間內即時完成匯款，但是內部作業必須先匯到中央銀行的帳戶進行換匯，因此往往會變成無法立即取得資金結算「結果」的狀況（圖表3-3-9）。

目前日銀網路與美國聯邦儲備通信系統等中央銀行系統進行大筆結算支付時，是採用即時結算支付（Real Time Gross Settlement）；進行小額結算支付時，則採用全銀系統（全國銀行數據通信系統的簡稱）或是ACH等架構，在其他資金結算系統內累積餘額，再定期將網路餘額放入中央銀行結算支付系統內進行結帳。特別是在進行即時結算支付時，往往會因為銀行預先存入中央銀行帳戶的餘額不足，而導致無法進行結算支付，因此中央銀行會提供給各銀行一個結算支付的信用額度範圍，容許一定範圍的赤字餘額（餘額為負數），並且自動排列結算支付的順序，整理出可以妥善處理結算支付、不會出現赤字餘額的架構（Curation System，所謂的佇列系統）。

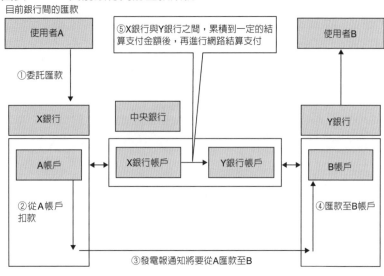

圖表3-3-9　目前銀行間的匯款系統

目前銀行間的匯款

使用者A

⑤X銀行與Y銀行之間，累積到一定的結算支付金額後，再進行網路結算支付

使用者B

①委託匯款

X銀行

中央銀行

Y銀行

A帳戶

X銀行帳戶　　Y銀行帳戶

B帳戶

②從A帳戶扣款

④匯款至B帳戶

③發電報通知將要從A匯款至B

　　接著，再來思考此處的區塊鏈應用。只是單純地將資金結算支付型態替換至區塊鏈上，並且僅將結算支付資訊放在區塊鏈上，實際的帳戶匯款則另外進行（圖表3-3-10的後半段）。前半段不容許餘額有赤字，因為會有無法取得軋差效果等問題，所以必須先思考後半段的形式是否妥當。不論如何，應用區塊鏈的好處是可以減少系統成本與提升連續運作的穩定性。

【由中央銀行發行數位的法定貨幣】

　　運用區塊鏈進行資金結算支付時，如果法定貨幣沒有數位化，就會限制住匯款資訊那一塊的效率，並且會在降低銀行基礎建設成本方面帶來一些限制。另一方面，讓法定貨幣數位化，例如：日銀

發行數位JPY、美國聯邦儲備系統（Fed）發行數位USD，才算是
真正達成資金結算支付的數位化階段，此舉將會對資金的運用效率
帶來革命。

圖表3-3-10　將區塊鏈作為銀行間匯款的應用範例

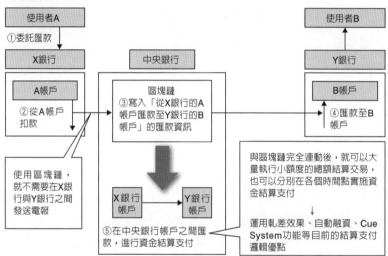

(1) 數位法定貨幣的發行

　　考慮由中央銀行將既有的部分流通現金，以替換為數位貨幣的
形式發行。區塊鏈的維持管理，可以由中央銀行控制，預計是採取
將數位法定貨幣放在中央銀行，使用者可以在該處輸入交易資訊的
形式（圖表3-3-11）。

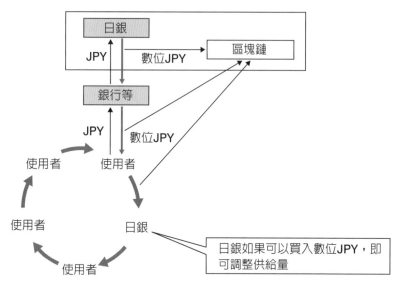

圖表3-3-11 數位法定貨幣發行示意圖

(2) 數位法定貨幣的優勢

數位法定貨幣,具有以下幾點優勢,即使僅有少額試行,亦可進行各式各樣的嘗試。

- 如虛擬貨幣,最終不必要兌換成現金,收到數位法定貨幣時,可以直接使用,讓物品、金錢等所有交易都數位化,就可以在網際網路上快速流通。
- 只要適當登錄位址,所有的交易都可以寫入區塊鏈內,因此可以詳細掌握金錢的動向(但是也同時擴大了隱私問題,該如何進行位址登錄等,必須考慮的問題相當多)。
- 可以發行僅能夠在特定時間內使用的數位貨幣,因此可以

因應景氣狀況，方便擬定較大型的刺激消費因應對策。也就是說，可以利用像是直升機撒錢（Helicopter Money）般的救市政策，直接將錢發送到各個使用者的位址，算是一種實際上可行的選項。

(3) 境外交換數位法定貨幣

以日銀與美國聯邦儲備系統發行數位JPY、數位USD為例，交換方式假定如圖表3-3-12所示，每個人都可以在網際網路上自由建立區塊鏈上的位址（帳戶），因此只要擁有一個可以適當驗證當事人的架構，日本人就可以持有數位USD位址，美國人也可以持有數位JPY位址，即可進行比目前更為活躍的外幣交換業務。

圖表3-3-12　跨境交換數位法定貨幣示意圖

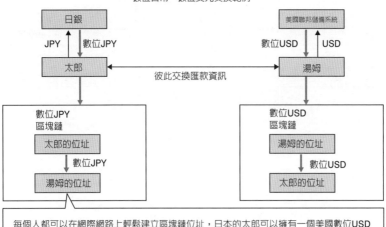

數位日幣、數位美元交換範例

每個人都可以在網際網路上輕鬆建立區塊鏈位址，日本的太郎可以擁有一個美國數位USD鏈的位址（帳戶），美國的湯姆也可以擁有日本的數位JPY鏈位址

如圖表3-3-13，預測在外幣交換市場方面，只要能夠建立一個讓直接使用者共同參與的架構，就會因爲各式各樣的參與者（Player）出現，反映出比目前更多樣化的資訊、形成國際換匯行情。

圖表3-3-13　國際換匯市場的區塊鏈運用示意圖

透過數位日幣、數位美元市場的交換範例（國際換匯交易市場）

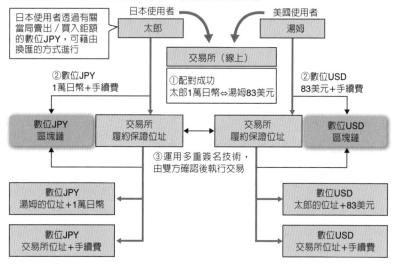

▪ 運用於金融領域時，必須思考的風險因素

將金融交易導入區塊鏈時，除了技術上的要件以外，還有以下必須顧慮的風險因素。

(1) 資金結算支付的時間差

雖然使用區塊鏈進行資產移轉的部分可望提早實現，但是對於在資金結算支付方面的使用則必須要等到數位法定貨幣等的出現，這恐怕還需要相當長的時間。這種情況下，資金結算支付的時間差，可能會增加結算支付的風險，針對這一點，必須運用多重簽名等技術、履約保證等方式，加快資金結算支付速度。

(2) 資料修正的困難度

寫入區塊鏈的資料皆「正確」雖然是一大賣點，但是實際在運用上，當然也會發生必須得要修改資料的情形。這時，在資料被連鎖記錄的架構上，並無法修正過去的部分資料，必須重新寫入一個相反的交易內容予以相抵。如果是封閉型（Closed）、僅由私人公司管理的區塊鏈，可以利用這種方法因應，但是，如果是聯盟（Consortium）型的區塊鏈，則必須規規矩矩地依據事前約定好的規則進行。

(3) 從軋差到總額交易

區塊鏈的優點是可以將個別交易即時地被記錄在資料庫上，並可藉由難以竄改交易事實的形式受到驗證，也就是說，可以即時總額處理個別交易並且完成該交易。

在現行金融交易方面，都是要等到累積一定程度的交易後，才開始進行收付的軋差動作，以便削減結算支付量、降低結算支付風險。此外，特別是在中央銀行的結算支付方面，進行高額結算支付時即使有資金短缺情形，銀行也可以先承認該赤字餘額，並且利用

佇列功能變更結算支付順序，即可順利處理。

使用區塊鏈時，結算支付方面並沒有這種「遊戲」般的設計，但這恐怕會增加結算支付的風險，因此為了順利完成結算支付，這種「遊戲」手段可能還是必要的！

(4) 增加速度、擴大交易量

使用區塊鏈，可以大幅縮減結算支付後至完成結算支付的期間，可以說幾乎已經接近即時了。

此外，由於交易都在網際網路上進行，來自世界各地的參與也變得更容易，比起過去的金融交易速度更快、交易量更大，或許能夠因此擴大金融危機爆發時的系統化組織（Systematic）等。

(5) 與法律執行力的關係

區塊鏈是一種可以簡易架構出來的所有權移轉基礎建設，各式各樣的所有權都會被分解成小區塊，並且可以在區塊鏈上販售、流通。此外，如果使用的是數位貨幣，報酬也可以直接送至區塊鏈的位址，進行有效率的處理。這個部分比起先前的證券化效果更容易實現，並且會讓各式各樣的所有權產生流動。

另一方面，關於區塊鏈上的紀錄，必須進行一些法律面的整理，例如：所有權移轉是否真的能夠被法律承認？雖然容易進行跨境交易，但是該如何確保發生問題時的法律執行力等。

(6) 隱私的問題

管理「位址擁有者相關資訊」，就可以在區塊鏈上查詢是誰、

何時、做了怎樣的交易、與誰一起等相關資訊。

可查詢性雖然也是區塊鏈的一個優點，但是如果「位址擁有者相關資訊」被不當利用，就會發生一些隱私性的問題，甚至洩漏投資基金等的交易策略。此外，在國際性的交易方面，如果可以查詢到某人正位於哪個地理位置，可能還會引發政治上的問題。隱藏交易位址並且寫入區塊鏈的技術雖然已在研究當中，但是從洗錢的因應對策觀點來看，很可能會在金融交易的使用方面產生一些限制。針對這個問題可以事先決定好「位址擁有者相關資訊」以及「區塊鏈的可查詢範圍」，並且由有關當局及監察機關設定使用者可於區塊鏈上查詢的範圍級別。

▪ 運用於金融領域時較為困難的領域

在金融領域運用區塊鏈的動作受到了很大的矚目，然而並非所有的金融領域都可以運用區塊鏈，有些領域被視為難以運用區塊鏈，特別是在信用風險管理這一塊，運用的門檻相當高。

區塊鏈是可以執行交易，以及針對該交易的紀錄管理系統，因此可以有效運用於授信交易執行與記錄等事務面的領域，卻難以應用在授信對象的審查、延滯等後續管理。信用風險，最終還是要進入「判斷」的世界。此外，交易延滯時，與交易對象協調交涉等是數位化系統較不拿手的部分，利用在零售領域所使用的大數法則，可能還有一些運用的空間，但是在某種程度規模上，對於個別差異性較大的大量販售交易，恐怕就相當難以發揮。這些是目前所面臨的情況，今後隨著其他金融科技相關技術日益進步，與之結合後或

許還有機會能夠讓區塊鏈的運用產生更多的可能性。

區塊鏈運用於金融領域時的效果，依項目別彙整後，可以整理如下：

(1) 信用風險管理

在此或許不太有用武之地，但是關於擔保管理，則可以發揮區塊鏈在所有權移轉基礎建設的強項，大幅提升效率，因此在降低信用風險方面還是存有些許優勢。

(2) 流動性、結算支付風險

可以使目前在多階層之間的資訊傳遞更有效率，也可以縮短時間，因此運用的可能性相當高，可降低風險。另一方面，藉由交易的即時結算支付、總額交易，可能會稀釋軋差的效果，針對這一點或許反而會增加風險。

(3) 營運風險

可以使目前多階層之間的資訊傳遞、無效率的驗證作業變得較有效率，大幅降低營運風險，算是在運用區塊鏈方面效果最好的。

(4) 系統性風險

由於交易的基礎建設建構容易，參與業者、交易種類都會隨之增加，交易參與者可以在網際網路上輕鬆地進行交易，因此也會增加包含國外的使用者。結算支付時間接近即時，會增加交易的規模與頻率，可能因此提高系統性風險。

▌結語

　　雖然，區塊鏈在金融業界受到相當大的矚目，反過來說，許多人也都認知到目前的金融系統實在非常沒有效率。

　　隨著金融交易國際化，鉅額的金錢快速地在全世界移動，支援的系統基礎建設卻一直沒有改變。金融機構內部有存款、放款、證券、擔保管理、風險管理、顧客屬性、法規制度因應等各式各樣的系統彼此關係複雜地運作著。

　　此外，在個別金融機構系統上，還有與之連接的清算機構、中央銀行等上層架構，系統還跨國互相連接，因此如果持續使用以往的資訊傳遞系統進行照會、驗證作業的繁雜度將會持續增加。再加上，雷曼兄弟（Lehman Brothers）事件後，各式各樣的金融法規制度相繼推出，為了應付這些法規制度，銀行系統呈現更加混亂複雜的狀況。

　　另一方面，在金融機構基礎建設不太有進展的狀態下，一般公司法人隨著國際化進程，也持續增加收關業務推動的現金管理（Cash Management）以及使資金結算支付效率化需求、商業交易資訊與結算支付資訊一體化等需求，但在金融機構方面，並沒有準備能夠充分因應這個部分的系統基礎建設。此外，在國際匯款一直都需要高額手續費的狀態下，社會資訊化進程方面，金融系統發展遲緩一直都是其瓶頸所在，許多相關人士都非常了解這種狀況，但是為了維持金融基礎建設的堅固確實度、信任度，目前的系統只能經年持續不斷地改善，在相對信任度下運作，無法一蹴可幾、替換為其他系統。

　　隨著區塊鏈技術的出現，如果能夠運用區塊鏈，或許可以打破

目前的金融系統界線，金融相關人士曾在2015年對此抱持著相當大的期待。

現況看來前期雖然抱有相當大的期待，但是，具體而言該如何將區塊鏈導入金融系統內？是否真的能夠改善目前沒有效率的系統？這還處於正要開始檢討的階段。其中，被運用做為敲門磚的比特幣區塊鏈技術，是以封閉的型態，限定用於金融機構內部以及聯盟，因此被質疑其只是用來代替記錄資料的伺服器、可以降低成本等的程度。此外，由於要運用於金融基礎建設，必須進行充分的驗證，無法立即展現成果，可能需要長期性的研究開發。

在這之間，區塊鏈技術或許會作為其他數位內容產業等所有權移轉系統的基礎建設，而迅速在全世界擴散。

話說回來，既有的複雜金融基礎建設如果就這樣持續使用下去恐怕也有其風險存在，因此，雖然必須耗費一些時間，區塊鏈技術應該還是會逐漸被金融業界所採納使用。

4
章

對於區塊鏈產業的衝擊

在非金融領域下，區塊鏈的可能性與所需面對的課題

Currency Port股份有限公司董事長兼CEO 杉井 靖典

　　說到區塊鏈，或許有不少人都會聯想到以比特幣為主角的加密貨幣領域發展過程、在金融領域方面的技術等，但是當我們著眼於其特性時，就知道不僅是在金融領域，區塊鏈也能夠廣泛地應用於其他不同領域的商業行為。

　　例如：在流通、權利、契約、監察、公證等各個領域中的應用備受期待，全世界也開始對此進行各式各樣的實證實驗。在一些前導型的計畫中，搶先進一步導入實際服務、映入世人眼簾後，終於開始被接受並且受到正式採用。

　　將目光移回日本國內的狀況，2015年後半期有「Mijin」以及「Orb」等私鏈型的區塊鏈產品發表，各個業界的實證實驗以及業務合作也接二連三地不斷發布新聞稿，從這樣的背景可以發現，有不少商業導向的區塊鏈都是私鏈型。然而，這只不過是在全世界為數眾多區塊鏈上所實行的其中一種，並不能說「哪一種方式最好？」或者「哪一個是可以應付任何狀況的萬能選手？」。實際安裝的區塊鏈大多是為了解決一些商業上的問題，而單純開發出的區塊鏈，我們必須充分了解這些特性、適才適所地進行使用上的區分與組合。

◦ 區塊鏈的分類方法

既然有毫無預警就突然出現的「私有區塊鏈」的概念，就會有相對於「私有」、稱之為「公開區塊鏈」的實際運作方式。具體而言，世界首次運用區塊鏈這個經濟體系（Economy System）的是目前擁有最大流通規模的「比特幣」。此外，在智能合約領域中，最受矚目的則是「以太坊（Ethereum）」以及作為前述「Mijin」基礎的「新經幣（NEM）」皆分類於所謂的「公開區塊鏈」。在區塊鏈的歷史上，是以公開區塊鏈為先驅，而「私有區塊鏈」則幾乎都是為了滿足某種商業要求所衍生開發出的一種商品（圖表4-1-1）。

圖表4-1-1　公開區塊鏈與私有區塊鏈

公開區塊鏈		私有區塊鏈
Bitcoin	衍生→	MultiChain
Ethereum	衍生→	Eris
		HydraChain
NEM	衍生→	Mijin

截至目前為止，當然可以直接將區塊鏈分類成「公開區塊鏈」與「私有區塊鏈」，然後繼續談論這個話題。但是，這種區分方式還是有一些模糊之處，由於專家們的見解與想法各異，經常讓人感覺好像並不是在同一個空間內對話，這是在討論這個議題時必須非常注意的地方，特別是我們應該經常思考「『私有』是指什麼？」、「是指怎樣的範圍？」等問題，例如：公眾範圍，究竟是

屬於公開區塊鏈還是私有區塊鏈？除此之外，還有是否需要評比參與者們的信用？是否可以控制權限？諸如此類不同的觀點存在。

再者，關於控制權限的部分，還有「可否參與網絡？」、「可否承認該區塊？」、「可否創建出事務？」、「可否實行合約？」等各式各樣的角色任務與權限，還會考量到「可以由誰來管理權限的賦予、搶奪等行為？」，增加這些核心問題後的分類又會更加複雜。

◎從公開範圍的觀點分類

- 公開型（Public）：由不特定多數人參加。
- 聯盟型（Consortium）：由特定組織、團體參加。
- 私有型（Private）：僅由單一組織、團體參加。

◎從信用的觀點分類

- 不可信任（Trustless）：參與者之間不需要信任關係。
- 可信任（Trusted）：參與者之間基於互信。

◎從權限管理的觀點分類

- 無須授權制（Permissionless）：無權限限制。
- 加密制（Permissionable）：可限制權限。
- 認許制（Permissioned）：有權限限制。

依上述觀點進行分類，例如：可以將比特幣整理成是以「公開」、「不可信任」且「無須授權制」為基礎的區塊鏈。如果是要將區塊鏈用於商業用途，就必須在組合這些條件後，依業務需求與

目的，選擇適當的區塊鏈。

　　此外，這只是大致上的整理，在以商業為對象的用途方面還可以進行以下的分類。

(1) B to C

　　為不特定多數人可使用的服務、參與者之間的意見一致、應當經常公平公正公開的「B to C」商業領域，不論有無授權限制，皆會朝向「公開」且「不可信任」的區塊鏈方向選擇。

(2) B to B

　　即使意見不同，具有同樣或是相關活動目的，在僅有應互相信任之特定使用者可參與的服務下，只要參與者之間意見一致即可的「B to B」商業領域，偏好使用「聯盟型」、「可信任」，且為「加密制」的區塊鏈。

　　此外，區塊鏈技術是依各種單純目的所設計出來的，因此並不是一定要選擇其中任一種，或是只要選擇一種就可以萬事俱備的技術類型。大型計畫更需要適才適所地選擇不同種類的區塊鏈以及分散式分類帳（帳本）系統，藉此構成可以互相合作、達成整體目的的系統設計型態。

　　後面還會再做更詳細的敘述。區塊鏈並不是用來代替既有資料庫的技術，特別是在包含帳本管理及文件管理的業務系統方面，僅有區塊鏈單獨運作的情形可以說相當稀少，通常會與既有資料庫協調、共同完成業務。因此，實際上運用區塊鏈進行系統設計時，必須要與熟知業務的人進行密切的合作。此外，工程師如果只知道單一種區塊鏈技術，就無法配合業務特性提出適當的系統建構方案，

必須是對各種區塊鏈相關技術有真知灼見的人才，也必須要在既有資料庫基礎上，具有更宏觀的視野。

▪ 可期待區塊鏈運用的商業領域

將區塊鏈運用於商業領域時，往往會被與既有的關聯資料庫（Relational Database）以及分散式資料庫系統做比較，但是如果了解其特性，就知道區塊鏈完全是為了不同的目的而存在的。

區塊鏈的目的

・可以將價值這種東西以數位資料的形式發行。

・發行的價值可以僅由特定使用者擁有。

・擁有之價值可以移轉給其他使用者。

・可以排除同一價值由複數使用者同時利用、歷經多重階段移轉。

・任何人都可以利用數學性、密碼學的方法證明價值紀錄正確。

・即使有人想要竄改價值紀錄的內容，也具有相當複雜的資料結構。

・即使價值紀錄的內容遭到竄改，也具有自動失效的架構。

知道這些特性後，就容易理解區塊鏈適用於哪些領域。

可期待應用區塊鏈的領域

- 金融（銀行、資金移動、有價證券交易）。
- 流通／零售（物流、數位內容流通）。
- 可將履約保證做為有效規避資金回收風險手段之交易，例如：業務委託契約、貿易、不動產買賣、二手中古商品買賣。
- 需要預約的各種產業，例如：飯店旅館、交通機構、醫療機構、學習機構、美容美體產業等。
- 計時收取使用費等需要從量計費的各種產業或是服務，例如：停車場、租車、會議室租借、保險櫃出租、倉庫出租、置物櫃出租、數位內容、KTV包廂、健身房、大型公眾澡堂等。
- 運用感測網絡（Sensor Network）、物聯網（IoT）等自動進行交易的產業，例如：瓦斯、自來水、電力、通訊、交通、農業、畜產業。
- 內容證明、商業登記、不動產登記（事實項目之證明）。

接著，除了金融領域，其他領域亦期待能夠運用區塊鏈。以下列舉幾個可以有效運用區塊鏈的案例。

■ 流通領域的運用範例

目標是在供應鏈上，確保商品原料抵達之前的可追溯性（Traceability），使業務更有效率、降低成本。

【範例1：預防沉默性改變（Silent Change）的因應對策】

在零件調貨時，想要建立一個因應對策用來避免供應商自行判斷、任意替換成與訂購者指定型號不同規格（乍看之下難以發現）、成本較為廉價的仿造品，而引起糾紛（客訴或是召回）（圖表4-1-2）。

圖表4-1-2　沉默性改變概念示意圖

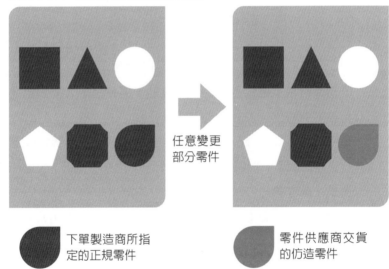

任意變更部分零件

下單製造商所指定的正規零件

零件供應商交貨的仿造零件

將附有僅可由正規契約製造商進行電子簽名之交貨文件雜湊值記載於區塊鏈上，作為驗收交貨時的基準，除了可以預防調包偽造交貨文件，亦可確認製造相關責任歸屬。

【範例2：物品與資訊一致與SKU管理】

將物品令牌化，可以追蹤在流通路徑上的狀態，確保從製造公

司送達消費者過程的可追溯性。

1. 物理性位置（物品處於物理性的哪個位置？）的管理令牌，例如：◇◇港××號貨櫃、○○倉庫△△號貨架。
2. 理論性位置（理論上，物品位於哪個位置？）的管理令牌，例如：商品檢驗中、保管中、推車中、庫存預留中、撿貨中、捆包中、運輸中等。
3. 商品所有權（目前誰具有該物品所有權？）的管理令牌，例如：製造商、流通業者、店家、消費者等。

　　掌握詳細的物品流動狀態，期待使業務更有效率，並且得以運用到行銷活動上。

【範例3：貿易相關一連串業務的智能合約化】

　　想要運用區塊鏈與智能合約，使簽署貿易業務之買賣契約、委託開發信用狀後之通知、交付海運提單時執行支付等自動化。

1. 出口公司與進口公司之間簽署買賣契約。
2. 進口公司→發行銀行→買入銀行→出口公司（開發信用狀、履約保證、通知）。
3. 隨著交給船公司的裝載貨物，由船公司向出口公司發行海運提單。
4. 出口公司←→買入銀行←→發行銀行←→進口公司間交付海運提單，並且同時執行支付。

地方創造、地區振興領域的運用範例

【範例：可自主持續使用的地方貨幣】

　　地方振興券（消費券）等，是一種補助金的措施，往往只是暫時性的風潮過後就宣告結束，因此希望能夠有對地方銀行而言不是一閃即逝、讓地方企業感受到好處等可以自主持續使用的地方貨幣出現。

1. 由地方銀行發行地方貨幣。
2. 由該地區的飯店旅館或是地方特產品製造商等在自家公司所提供的服務中，附上地方貨幣當作贈品，並且進行住宿預約券、伴手禮兌換券等線上販售服務。
   ・附有地方貨幣的住宿預約券。
   ・附有地方貨幣的伴手禮兌換券。

　　比方說購買1萬日幣的住宿券時，會附上3,000日幣的地方貨幣，想要購買的使用者必須先匯款至地方貨幣發行銀行的帳戶，就會在彩色幣的位址內以「彩色幣／令牌」方式發行，並且自動附加當地貨幣3,000日幣以及住宿券。

　　發行之地方貨幣令牌，可於該使用者造訪該地時，在飯店旅館或是該地方貨幣的加盟店家使用。該地方貨幣的加盟店家，只要拿著地方貨幣令牌到地方銀行（從電子錢包提出申請），款項就會直接匯入銀行帳戶內。

⬥ 區塊鏈與分散式分類帳系統的區隔與共存

與區塊鏈類似的組織還有分散式分類帳系統，所謂的分散式分類帳系統，大多是由較單純的雜湊鏈所組成，在維持原有的耐竄改特性下，藉由在特定節點上達成或是省略雙方共識，是一種可以快速運作的日誌系統（Journaling System，記錄用系統）。與區塊鏈的網絡不同，分散式分類帳系統不需要在所有的節點上發布所有的交易紀錄。

日文用語方面經常將區塊鏈釋義為「分散式帳本系統」，認為廣義的分散式分類帳系統也算是一種區塊鏈。然而，考量雙方在意義與用途上的差異，以下的分類方法，或許有些人會認為不那麼正確。

區塊鏈與一般分散式帳本的區分方法

- 「分散式共識帳本」（Blockchain）：區塊鏈。
- 「分散式帳本」（Distributed ledger）：分散式分類帳。

※本見解為筆者（杉井）的個人意見，也有其他專家學者偏向於將區塊鏈分類為分散式分類帳的一種。

區塊鏈的方式是讓參與網絡的不特定多數節點累積一定的交易內容量後再進行互相驗證，所需共識比例越高，當然就需要越多的驗證時間，因此會出現適合使用區塊鏈的業務與不適合使用區塊鏈的業務。

- 速度較慢，但是詳實地記錄比較重要（例如：結算支付（Settlement））——傾向於區塊鏈。
- 大量且快速地記錄比較重要（例如：結算支付處理

（Dealing））——傾向於分散式分類帳。

能夠妥善區隔與共存具有這些特性差異的帳本系統的具體案例是「Factom」。

Factom是一種專門以「電子文件存在證明」為目的所建立的架構，為了處理大量的文件，採用被稱之為「Entry Block」與「Directory Block」等2層結構的高速分散式分類帳系統。藉此設計出用來維持處理速度、每隔一定時間就會在比特幣的區塊鏈上採取錨定（Anchoring）的方式（圖表4-1-3）。

這樣的架構，類似已在日本國內實際執行、制定之電子簽名法「電子簽名暨驗證業務」。Factom是一間實施比特幣公鏈型錨定的機構，有點像是在進行「定期於每日新聞（大眾媒體）刊載代表性雜湊值」的行為。另一方面，這種方式在日本國內是否具有法律效力，恐怕還需要再好好討論，這個部分容後再行敘述。

▪ 區塊鏈技術是否耐得住企業用途？

那麼，目前為止接觸了各式各樣的區塊鏈運用領域，是否真的能夠實現這些技術、放進企業用途當中呢？針對這個問題，說真的在目前這個時點下，區塊鏈的技術還有許多未成熟之處，許多計畫也都還在研究開發當中，可以想像得到恐怕還需要一點時間。

另一方面，區塊鏈是全世界研究人員以及科技公司競相研究而持續進步的領域，技術方面有著日新月異的進展，這些課題可望逐漸解套，想必在不久的將來一定能夠運用到企業系統之中。

圖表4-1-3　Factom架構概念圖（出處：Factom whitepaper、http:// factom.org/）

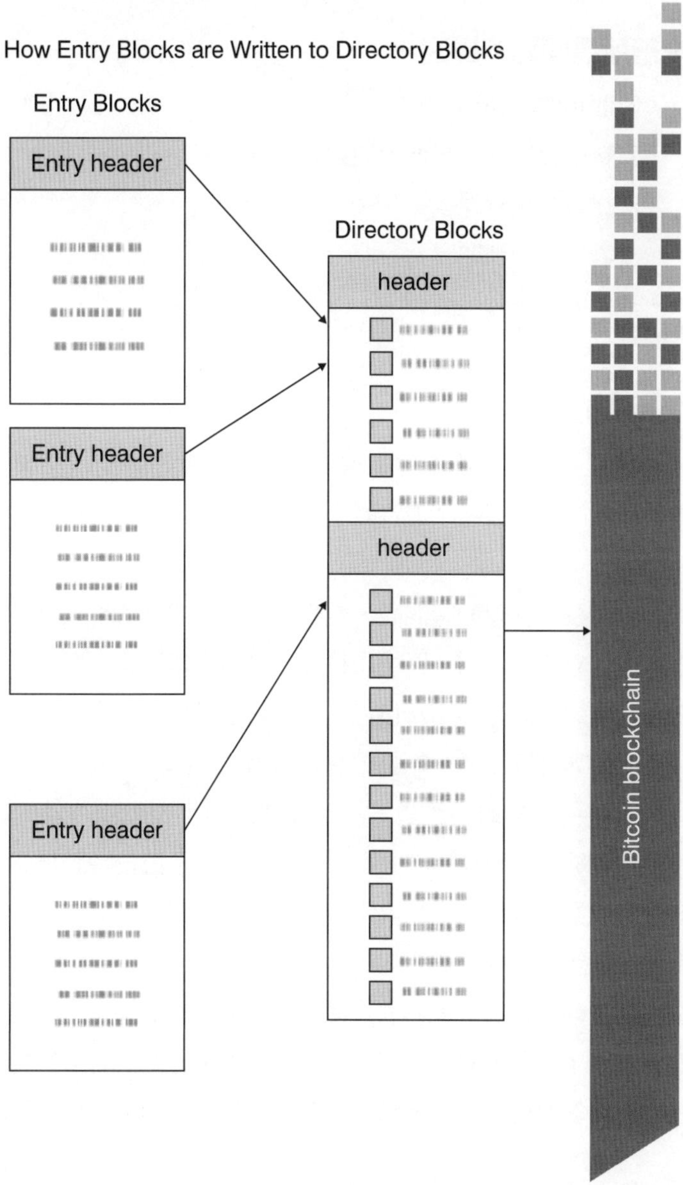

How Entry Blocks are Written to Directory Blocks

Entry Blocks

Entry header

Directory Blocks

header

Entry header

header

Entry header

Bitcoin blockchain

然而，區塊鏈技術目前有幾個必須解決的重大課題。

區塊鏈所需面對的課題

・時間相關的課題。

・資料儲存庫（資料保管地點）的課題。

・法律效力相關課題。

・交易完成的課題。

・個別的價值轉換課題。

時間相關的課題

建構在分散式網絡上的區塊鏈，其宿命就是運用時必須使用附有時間戳的電子簽名，但實際上卻難以驗證嚴格要求精準度的時間。

在區塊鏈上處理的時間戳，是由參與者創建之事務以及區塊驗證者的申告爲基礎，同一區塊內往往忙碌地處理著許多事務，因此上方所記錄的時間如果相當接近，雖然勉強足以採信，但是否具有法律上的效力？關於這一點恐怕還有討論的空間。

針對這個問題的因應對策，可能要開發出不只是單純的非中央集權型網絡，驗證區塊時，必須包含使用原子鐘校時服務業者等簽名之時間戳，以作爲通訊協定定義等的新區塊鏈。或是，在既有的區塊鏈通訊協定中，擴充加入這種時間戳，或許就能夠解決。許多區塊鏈推動者雖然不太喜歡這種必須要信任特定業者的模式，但是既然談到了時間，與全世界進行協定時如果有造假的情形發生，對任何人而言都沒有好處，因此這些或許是比較容易取得共識的提

案。

　　此外，並非所有的區塊鏈都必須保有嚴格的時間限制，只要有一個可以確保正確時間的區塊鏈存在，並且將該區塊鏈上的雜湊值錨定後，就可以連接到正確的時間。在區塊鏈上，可以正確且穩定地處理時間問題的意義非常重大，只要這項技術確立，所有的數位文件都能夠輕鬆且成本低廉地實施附有時間戳的電子簽名。

資料儲存庫的課題

　　這是在區塊鏈運用場景方面，想要用於數位資料存在證明功能以及監察證據軌跡領域時，經常會出現的重點問題。

　　或許是因為運用區塊鏈的計畫通常會被拿來與分散式資料庫等比較，所以有不少人都會認為「如果沒有將所有的資料全部記錄在區塊鏈上，就沒有意義了。」然而，區塊鏈上所記錄的資料是屬於一次寫入型（Write Once Read Many）、永久無法刪除，並且會被廣播至所有的節點上，所以一定會受到網絡或是儲存的空間限制。

　　所以，資源檔案（Resource Files）並不會直接放在區塊鏈上，而是會收納在其他的資料儲存庫（Data Repository，資料保管地點）中，區塊鏈上所記錄的事務中僅會記錄資源檔案的參照資訊與雜湊值，這是最普遍且有效率的區塊鏈裝設方法。此外，在這個案例中，究竟該將參照的資源檔案放置在何處？這個問題有待討論。

　　最簡單的答案是隨便在任何地方準備一個適當的伺服器，然後把資源檔案放在那裡就好。區塊鏈上所記錄的資源參照資訊與雜湊值，可以用來確認該資源檔案在創建事務時即確實存在的事實。乍看之下好像很厲害的樣子，但是，一旦資料儲存庫的資源檔案遺

失，就會出現資料無法再復原的問題。

　　為了預防這樣的事情發生，接下來要思考的是讓「分散式儲存庫」與區塊鏈併用。分散式儲存庫也有各式各樣的安裝方式，其中，因為與區塊鏈性質最相符而備受期待的技術，稱之為「秘密分散式儲存庫」。

　　「秘密分散式儲存庫」的代表性安裝範例是與區塊鏈數位文件存在證明機制（Proof of Existence）合作為目的所開發出的平台「Storj」。這個平台的架構是將資料「片斷化」、「加密化」，並且在複數節點上進行「分散保管」使其「變得冗長」，因此具有可以在「維持機密性」的狀態下「提高可用性」的優異特性，2014年時以比特幣進行代幣眾售（Crowdsale）也在業界掀起話題。

　　然而，實際上這種概念並不是最新的，2009年時日本國內就已經有性能更優異的「S*Plex3」這種「秘密分散式儲存庫」的前瞻性安裝技術存在（「S*Plex3」秘密分散式儲存庫服務：http://www.intec.co.jp/service/detail/eins_css/）。

　　這項技術在「Storj」可實現的資料上增加了「片斷化」、「加密化」、「分散保管」，亦使用了數位衛星播放、通訊服務所使用的「抹除碼」（Erasure Correction）技術，因此具備了即使在通訊過程中資料消失30%左右，仍然可以將原本資源檔案復原的優異功能。該服務提供的資料中表示「適用於個人資訊、醫療資訊（地方醫療合作以及居家醫療合作）、金融體系契約資訊、出版原稿、設計圖面等」。實際上，除了上述所列舉的服務之外，目前已有幾項秘密分散式儲存庫服務存在了。

　　這些前瞻的儲存庫服務如果能夠與區塊鏈技術組合，應該可以呈現出非常有趣的世界，然而可惜的是，提供這些服務的企業顯然

還未與區塊鏈相關技術有所接觸。這裡雖然是用小標題提出「資料儲存庫的課題」，但是實際上或許應該改為「區塊鏈與既有技術的謀合相關問題」。

法律效力相關課題

　　接下來的觀點，是在解決前述「時間相關的課題」與「資料儲存庫的課題」後，好不容易準備要開始運用「數位資料存在證明」功能時所受到的阻礙，也就是法律解釋方面的課題。前面提到Factom是一種類似實際在進行電子簽名以及驗證業務時的服務架構。然而，實際上，這些在日本法律上是否具有效力，又是另外一個問題。

　　以正常的方法去思考，除了在日報或是政府公報上記載、較具代表性的雜湊值之外，在區塊鏈上所記錄的方法或是法律條文，是否有經運用指南（Guideline）等核定的必要性，如果前述與時間相關的問題仍然持續曖昧不明，那麼這個部分恐怕會是更遙遠的議題。

　　這項技術只是掌握了一把可以用來實現使用區塊鏈、附有廉價時間戳的電子簽名鑰匙，還必須等待某項創新技術誕生才行。另一方面，或許還有一個比較有機會立即實現的技巧，例如：「建立一個搭載既有的時間戳服務，並且可以間接地在日報上刊載具有代表性雜湊值的狀況」，或許就有替代的可能性。

　　更具體來說，就是建立類似Factom這種利用單純雜湊鏈、創建快速分錄（Entry）用之分散式分類帳系統。另一方面，每隔一定時間建立包含使用錨定方式進行校時服務業者（TSA）與時間訊

號發送校對服務業者（TAA）等簽名的時間戳區塊，並且將該雜湊值公開，例如：在比特幣區塊鏈上進行錨定等流程。採用這種方法，進行分錄的數位資料會間接地被刊載於日報上，可以藉此主張其法律效力。

目前每一個時間戳的成本大約需要日幣8~10元，只要上述這個想法可以實現，就可以將費用控制在1元日幣左右，並且，以智慧型手機拍攝的領據等收據也可以輕鬆地當作時間戳，對於推動電子帳簿保存法方面相當有幫助。

交易完成的課題

區塊鏈天生具有的重大缺點之一就是「無法明確定義交易完成（Finalize）的時間」。

區塊鏈的資料結構是在新區塊與既有區塊鏈連結時，每經過一次驗證，其中所包含的事務就會具有更加難以竄改的性質。例如：比特幣的區塊鏈，到能夠被確定「該交易已驗證」為止，最少需要經過1次以上的區塊驗證，但是，要到真正完全無法推翻為止，則最好需要等待3~6次左右的區塊驗證。

雖然「驗證」這件事情幾乎沒有被推翻的可能性，接近0%，不過這其實是機率的問題，嚴格來說世界上沒有可能性完全為0%的事情，這個部分也顯示區塊鏈上的交易無法明白確認究竟何時算是「確定完成」。在實務上，「驗證」沒有被推翻的可能性，但是「交易完成的時間點不明確」這一點卻容易成為問題，當交易的規模越大，「交易究竟是何時成立」的分界線在交易上就顯得更為重要。

有一間實際在安裝區塊鏈時處理這個問題的「Orb」公司。Orb公司採用的方法是給予一種稱之為「Super-pee」、擁有結案驗證特權的節點，經該節點驗證的確定區塊會被寫入區塊鏈，並且將這個記號視為交易完成。

但是，這種方法必須給予一個具有結案權限的節點，這就會犧牲掉區塊鏈原有優點的可用性，開發者本人也說這是「一種偏差」，並非根本的解決方法。

可惜的是，針對這個問題，目前並沒有更明確的安裝解決方案，如果主要是用於B to B的商業用途，根據使用者雙方的契約，也可以運用事先已確認共識的交易時間點來彌補這個部分。

個別的價值轉換課題

這部分主要是在運用區塊鏈技術於證券領域、流通領域、貿易領域時，經常會被提出的課題。雖然被稱之為「DVP（Delivery Versus Payment）」，但是，是否真的能夠將發行的令牌（如證券）與費用支付當作同一件交易並且同時完成呢？在這個課題之中，包含兩個非常清晰的主題：

1. 數位法定貨幣的發行與結算支付（Settlement）
2. 在一筆事務中，同時轉換複數、不同資產支付的方法

前者如果是在僅處理加密貨幣的世界，該價值可以直接以現貨表現時，就不成問題，然而現實上，發行法定貨幣後才能夠開始進行結算支付（Settlement），因此不論是從信用的觀點或是法律的

觀點來看，都是只有我們這種創投企業必須要面對、解決的難題。不過，目前日本國內的銀行也對結算支付系統平台——區塊鏈相關研究展現出積極的態度，想必在不久的將來，全世界的中央銀行都會投身其中，甚至實現全世界協定貨幣的發行權，期待這些外力能夠助我們一臂之力。

至於後者，目前雖然仍是在拼命努力研究中的領域，但是同時轉換彼此不同資產的操作技術，已經可以藉由將複數交易放入同一事務的方式實現。不過，談到這個課題，要如何將既有的資料庫事務委任（Commit）給區塊鏈，必須先了解兩者的差異之處。

既有資料庫上的事務委任時間點，由於接受到用來控制資料庫執行的守護進程（Daemon）操作明示，因此可藉此確實確認某筆事務是在某個時間點被驗證的。

另一方面，所謂區塊鏈上的事務委任作業，亦源自於前述的交易完成課題，雖然該時間點並不明確，但是只要時間一過久就會呈現「同意結果以個別的（Atomic）的交易方式進行轉換」這種遲緩的情形。

因此，區塊鏈不擅於處理「雙方即時交易」這種快速且高頻率的交易，如果是本質上依循「預防任一方交易者拿不到應得的」這樣的目的，即使作業進度緩慢但仍要確實執行必要的交易，那麼就很適合使用區塊鏈。到了這個階段，或許不一定「非要使用區塊鏈不可」，了解其技術特性後，應該與既有系統共存，依照使用目的讓它們各司其職，不是嗎？

■ 哪一種區塊鏈技術最受歡迎？

那麼，到了最後，針對各個商業計畫究竟該選擇怎樣的區塊鏈技術，在此以本人主觀意見及判斷，總結如下。

【1.在發行地方貨幣與促銷式令牌類型方面，比特幣上所發行之彩色幣最受歡迎】

B to C的地方貨幣與企業所發行的優惠券或是憑證印花（Stamp）等，就像在公鏈型區塊鏈上所發行的令牌一樣，是具有意義的，因此或許也可以當作一種選項，具體而言，被稱之為OpenAssets以及CounterParty的安裝相當有效力。另一方面，在思考優惠券或是憑證印花的使用目的時，包含比特幣事務之最低智慧微塵（Smart Dust）量（手續費等）意外地高，或許就可以驅使像是閃電網絡等技術，發展出能夠同時妥善降低成本的技術。

【2.在金融與證券相關領域，以太坊所衍生出的Eris、HydraChain等私鏈型最受歡迎】

金融機構方面對於聯盟型的區塊鏈表現出躍躍欲試的強烈慾望。並且毫不意外地選擇了以太坊，也積極檢討智能合約是否適用於相關業務。另一方面，對於B to C導向的公鏈型區塊鏈應用似乎就不太有積極的出手動作。

【3.在流通類具有可追溯性（Traceability）的計畫方面，NEM最受歡迎？】

從「必須針對單件物品，管理其複數屬性與狀態」與「拓展

至全世界的必要性高」這兩個條件來看，推測大家應該都會支持使用公鏈型區塊鏈，這也是NEM的特色之一。感覺上Mosaic與Namespace的概念，比較適用於階層結構的屬性管理。

■ 結語

如同本章節開頭所述，區塊鏈的安裝有好幾種方式。要從中選擇出符合自己計畫目的的區塊鏈，雖然作業上需要有一些經驗與技巧（Know-how），但是在實際體驗過幾個使用方案後，就能夠找出大致的模式與重點之處。本公司為了因應這些狀況，將區塊鏈研究開發團隊分組如下：

(1) 針對比特幣公鏈與在相同協定上所展開、以彩色幣為主的令牌經濟系統研究開發團隊。
(2) 針對安裝以太坊公鏈以及衍生型私鏈的Eris、HydraChain，以智能合約為中心的研究開發團隊。
(3) 挑戰未曾踏足過的區塊鏈基礎研究開發團隊。

這些團隊體制的編排並沒有特殊的理由，而是自然而然地形成，並且發展成目前的狀態。由於，還無從判斷最後會是哪一種區塊鏈技術存活下來。因此，如果要說明年本公司是否也會維持相同的分組狀態，我想那樣的可能性可以說是微乎其微吧！區塊鏈技術的發展與變化迅速，因此我們也必須日新月異地進步，並且不斷與之奮鬥。

區塊鏈與物聯網

Nayuta股份有限公司董事長　栗元　憲一

　　近來，在貨幣以外的領域，區塊鏈技術的運用變得相當活躍。在此，我想針對目前為止的電腦系統架構變遷，以及在許多事務開始透過網際網絡連結的物聯網（IoT）時代下，區塊鏈的出現將會如何影響電腦系統架構做一考察研究。

　　關於「區塊鏈是什麼？」這個問題，目前的答案往往因人而異，因此，為了不受任何意見影響，本章節內提到區塊鏈時，即是指比特幣與以太坊這種公鏈型的區塊鏈。此外，本章節主要著眼於「透過網際網路，讓保管於設備內的ID之間可以進行安全的價值交換的系統」、「不隸屬於任何人（任何組織）的公共資料庫」、「讓設備內的ID之間開始啟用安全通訊的關鍵——加密系統」等特性。

■ 電腦系統架構的變遷與物聯網

　　在電腦系統架構的變遷方面，最先粉墨登場的是處理器（Processor）（圖表4-2-1），隨著處理器的出現，將處理的內容軟體化，並且視必要情形改寫的計算機概念也進入了實用化階段。接著，與半導體技術結合，完成了更小、性能更強的計算機，並且根據摩爾定律（Moore's Law），隨著時間演進，處理速度將會變

得更快、計算機性能變得更強。配合製造技術的進步，也同時有管道流（Pipeline）、快取（Cache）、輔助處理器（Coprocessor）等各式各樣的發明出現（圖表4-2-2），這些發明努力地增加每單位時間內可以處理的指令量。

在此之後，從「未依循擴展規則」（Scaling Rule）而出現的過熱問題，發展到一個半導體上可以搭載複數核心（Core）的多核心處理器（Multi-core Processor），為了讓所有的處理具有整合性，必須要搭配使用各種技術。

圖表4-2-1　處理器

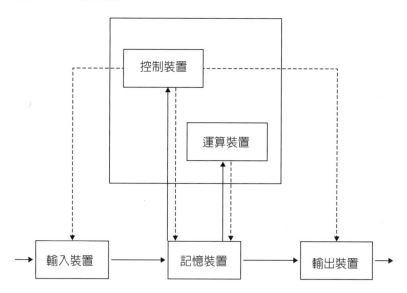

圖表4-2-2　計算機層級的高度化

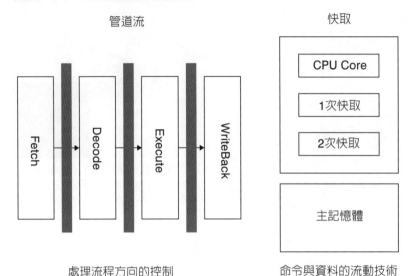

網際網路的發展也對電腦系統架構帶來了很大的影響。目前非常明確的是許多應用程式都是以透過網際網路連接終端機與伺服器為前提的系統開發出來的。透過雲端技術的發展，連接終端應用程式的電腦雖然可以在地理上非常地分散，但是因為開發者所能夠掌握的複雜度有限，雲端方面的開發甚至可能只是寫了一個電腦程式而已（圖表4-2-3）。然而，實際上的狀態往往是極為複雜的資料透過許多電腦機器（可能分散在複數地區）頻繁地一來一往。

隨著電腦系統架構不斷發展與變遷，目前被稱之為物聯網、可以連接許多東西與感應器的應用程式開發顯得相當熱門。大量的感應資訊被蓄積在雲端上的巨量數據（Big Data）解析後，就能夠給予使用者一些有益的回饋。在物聯網的領域中，大多數都是用來提高生活便利性的應用程式。

圖表4-2-3 以網際網路通訊為前提的應用程式群

在雲端上，集合著許多台電腦
（可能會因為地理性而分散在各地）
但也可能只是一個類似終端的程式而已

大量的終端

　　然而，實際開始進行物聯網開發時，將會有非常大的困難在等著我們。透過網際網路，在必要的時間點從設備上收集並且解析必要的資料，再給予回饋，必須要有非常大規模且複雜的系統，開發者在設計時，為了抑制這些複雜的情形，通常就不會仔細掌握硬體、資料結構、網際網路結構，而是直接開始進行各種抽象化的動作，但不論如何，要讓整體達到整合性是極為困難的課題。

　　目前在物聯網開發方面，大多是收集感應器資料、從巨量數據抽出必要資訊，讓使用者瀏覽的系統。然而，今後的目標不僅是要給使用者過目，還希望可以藉由資料解析的結果，推敲（Kick）其他設備的動作。因此，預計未來將會增加與之連動的應用程式（圖表4-2-4）。

圖表4-2-4 複數設備共同合作

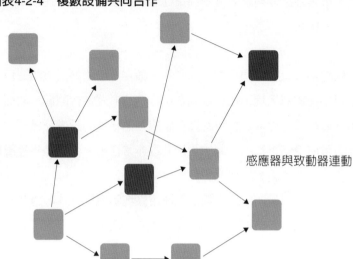

感應器與致動器連動

▪ 區塊鏈與物聯網

　　IBM公司希望可以簡化系統複雜的物聯網世界，因而提倡使用區塊鏈的「設備民主化」（Device Democracy）。如前述，要設計已經非常複雜的物聯網系統，肯定會遇到許多問題。

物聯網系統設計時所需面對的課題
　　・為了得以長時間使用此系統設備，商業模式以及預算的設定非常困難。
　　・容易陷入安全性方面的危機。

．欲創造出能夠讓人感受到良好體驗與價值的設備連接結構十分困難。

區塊鏈可以在各個設備之間當作一種安全性的通訊機制。目前大多以掛在雲端系統，並且控制多個終端的形式進行開發。然而，使用區塊鏈時，儲存資料用的儲存庫與其他終端的設備等級相同。因此，目前受到雲端所控制的設備其實非常自由。儼然是一種設備民主化（民主主義）的狀態。

理所當然的是，由於人們可以使用區塊鏈進行付款，這些獨立的設備就會因爲各自擁有的獨特商業功能，而出現以下的可能性：

．設備之間可以藉由加密的安全通訊方式，自由地進行聯繫。
．設備本身即具有商業功能，爲了脫離雲端的控制，也可以與其他公司的設備組合、發展出新的商業服務模式。特別是能夠降低新的服務提案門檻，在商業創新方面頗有助益。
．由於單一設備的商業功能可以被程式化，因此能組合出各式各樣具有長尾效應的投資回收計畫（Scheme）。

使用「不隸屬於任何人的公開區塊鏈」時，各個設備都可以將其視爲在系統設計方面或是在商業方面的一種零組件。因此，概念上可以將這些零組件組合後產生新的系統，作爲商業方面的應用（圖表4-2-5）。

另一方面，在設備民主化的概念下，我們可以預想得到，公開區塊鏈還有各式各樣的問題急需解決，恐怕還需要相當長的時間才得以實現，舉例而言，像是能源及擴展（Scaling）等問題。比

起使用人數，物聯網要讓大量的設備互相連接，恐怕才是最主要的課題，因此有些人會質疑其耐用性以及在成本效益方面的實現可能性。集中挖礦的議題，或許也是設備民主化方面的根本性問題。

圖表4-2-5　各個設備皆可以逃離雲端控制

●：利用各個設備，提供服務的雲端系統

■：感應器或是致動器等的設備

雲端方面提供了包含感應器的服務

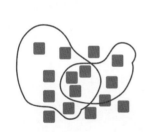

運作中的設備分別具有不同的使用價值，可以與必要的設備組合後，創造出新的服務

此外，使用公開區塊鏈時（如比特幣），會需要Block Time10分鐘（處理時間），因此有人認為比特幣並不適合需要即時性的物聯網。然而，Block Time是在設備間締結合約的必要之物，在嚴格定義合約的狀態下，即可在「區塊鏈外（Off-chain）」傳送事務。

根據在物聯網網絡上所匯集的資料解析結果，讓其他的物聯網設備運作。此外，在合作關係如此複雜的物聯網系統上，也可以想像出一種協定使用方法是將比特幣的事務格式（Transaction-format）放在其他設備上運作。

可以說這是一種「在環繞於整個地球的物聯網網絡上，互相交

換比特幣這種虛擬貨幣協定」的世界觀。少額的金錢也可以在網絡上通行無阻，並且與各式各樣的設備連動。在這樣的世界觀下，能夠使用私人企業等所發行的「金錢」嗎？此外，如果是在企業這種網域名稱（Domain Name）內可以解決的問題，恐怕也不見得一定要透過物聯網解決吧！

目前，通常會使用比特幣區塊鏈，再創建出其他區塊鏈（Sidechain，側鏈）並且大膽地進行組合。此外，也有運用比特幣區塊鏈，建立組合出私人企業的主從式架構（Client-server）型計點系統（Point System），並且開始進行公開區塊鏈與私有區塊鏈的組合。區塊鏈最終會變成怎樣的形式，目前還不清楚，但是環繞著全世界物聯網網絡的虛擬貨幣協定，未來將透過目前已在全世界運行的公開區塊鏈展開偉大的挑戰。

區塊鏈2.0計畫

IndieSquare股份有限公司共同創辦人Koinup合同公司代表　東　晃慈

　　一般來說，加密貨幣業界將區塊鏈技術在貨幣領域以外的運用，被稱爲「比特幣2.0」或是「區塊鏈2.0」。雖然在用語定義方面，業界也不見得可以明確決定，但至少此處並不是指區塊鏈技術，通常是指以比特幣概念爲基礎的統括式想法。

　　在原本的比特幣架構下，沒有特定管理者、無法重複匯款，總供給量也是事前決定好的，並且被預設是要運用於貨幣所建構出的架構。因此希望藉由爲了實現這樣的目標所提出的區塊鏈架構，將其不可竄改性、抗審查性（Censorship Resistance）等特質應用到貨幣以外的領域，發揮減輕人爲疏失、藉由自動化減低成本、防止不當行爲、提升透明性等優點。

　　本章節將介紹應用區塊鏈技術優點的「區塊鏈2.0」主要應用範疇以及較具代表性的案例，許多案例大多還處於概念與實證實驗階段，但是目前已知有許多在不同領域的應用，相信各位可以在本章節中感受到其可能性。

▪ 比特幣2.0的基礎建設解決方案

　　許多的區塊鏈2.0計畫，都是從複數協定中篩選出適合可用的，再將其當作基礎建設使用。這些基礎建設主要可以大致區分爲

使用比特幣的區塊鏈，以及使用私有的區塊鏈。

在使用比特幣區塊鏈的基礎建設協定中，稱之為2.0的代表性產物為彩色幣（例如：Colu、Open Assets等）與交易對手（Counterparty）。由於可以在安全性最為堅固、有實績表現的比特幣區塊鏈上，發行令牌（獨立貨幣）與實行智能合約等，並且隨著其不可竄改性與可進行高價值的權利移動，適用於比較重視安全性的計畫。

另一方面，在意比特幣區塊鏈的速度、成本、擴充性等問題，想要在獨立區塊鏈上完成各種2.0計畫的代表性主角是「以太坊」。以太坊的處理速度較比特幣區塊鏈更快速，是便宜且具有擴充性（可以在以太坊上建立多種合約）的平台，令人相當期待以太坊在物聯網等領域的應用。

此外，還誕生了使用側鏈技術的「Rootstock」等平台，也出現想要利用比特幣的安全性，實現以太坊智能合約的協定。

(1) 彩色幣（Colu、Open Assets等）

給予比特幣事務「添加顏色」，即可在區塊鏈上發行用來表彰各種權力的令牌。例如：將彩色幣與物聯網組合，提出只有擁有特定令牌者才可以使用的電子儀器或是建立智能鎖（Smart Lock）、數位內容擁有權之保有或讓渡等使用方案。

(2) 交易對手（Counterparty）

根據比特幣區塊鏈的擴充協定，可以在區塊鏈上發行簡單且獨立的令牌，並且安裝不需要中央交易所即可存在的P2P分散式交易

功能。目前交易對手已經開始運作，並且已有許多人開始使用的實際成績。此外，開發者表示只要移植以太坊的開放原始碼，未來即可利用比特幣區塊鏈，建立出與以太坊同樣的智能合約。

(3) 以太坊（Ethereum）

以太坊指的是擁有獨立區塊鏈，使用圖靈完備（在計算理論下，其技術機制與萬能的圖靈機具有相同的計算能力）程式語言，可以建構出各種分散式應用程式的智能合約平台（將在第5章中解說）。已經在物聯網領域展開活用、應用的IBM等企業也開始研究以太坊，微軟公司發表了應用以太坊的BaaS（Blockchain as a Service，區塊鏈即服務），可以說是目前在區塊鏈2.0平台上最受矚目的應用。

▪ 在有價證券方面的應用

將股票與債券發行成為區塊鏈上的令牌（貨幣），即可縮短流通的驗證時間、排除交易對手風險（交易對手破產風險，Counterparty Risk）、實現安全性的P2P流通。此外，同時亦期待能夠利用智能合約自動支付分紅獎金、減輕錯誤與不當的風險，獲得大幅削減成本的效果。目前已經有那斯達克等大型公司進入這個領域，日本方面的野村證券也表明正在進行實證實驗，可以說是目前金融機構最有興趣，也最期待的區塊鏈相關領域之一。

(1) Nasdaq Linq

將未公開股票發行為區塊鏈上的令牌，目標在於減輕權利移轉、流通的人為錯誤或是不當等風險，進行更安全且更確實的股票流通。

(2) TØ

想要藉由在區塊鏈上發行、移動股票或是債券等，讓原本要花費數日的結算支付（於結算支付日期實際進行貨幣交換），加速至即時到一個小時以內。主導區塊鏈的Overstock公司股票，已經由法律認可，可以在區塊鏈上發行債券，目前也已經在流通中。

(3) Symbiont

不只是盡量在區塊鏈上發行、移動股票或是債券等，還發行了與智能合約組合而成的Smart Securities（智能證券），讓分紅獎金的支付、期滿結束時的債務支付等都可以在區塊鏈上自動執行，期望藉此得以降低成本。

▪ 公證人服務

在具有不得竄改特性的區塊鏈上，土地登記、機密文件等權利或是個人資訊可以進行加密、記錄等，不須透過國家或是企業等第三方機關，即可證明特定權利或是資料的存在。同時，區塊鏈上的權利移轉或是資料變更紀錄不會遺漏，全部都追蹤得到。這個部分

可以有效對付那些政府與企業腐敗情形嚴重、紀錄被頻繁竄改、因管理機關失職而導致紀錄遺失等狀況。此外，將相同架構應用到區塊鏈上，也計畫嘗試將其應用於確認商品真偽、使流通過程透明、方便追蹤等功能。

(1) Factom

將文件或是土地登記紀錄等的雜湊值快速且低成本地記錄在Factom上的特別公證服務、聯合區塊鏈上。之後，利用比特幣強大的不可竄改性與永續性，將這些紀錄彙整成一個雜湊值，每10分鐘即記錄並且錨定在比特幣區塊鏈上一次。

(2) Uproov

智慧型手機上的應用程式拍照、錄影等的雜湊值可以輕鬆地記錄在比特幣區塊鏈上，並且可以判定原始資料上所有證明與資料的真偽。

■ 預測市場

利用人們酷愛博弈作為誘因，對於未來的各種事情，希望可以在事前就預測到市場運作原理，即是所謂的預測市場。目前已有事前預測總統大選結果等的中央集權型服務，但是我們還是期待可以應用區塊鏈技術，實現抗審查性的分散型預測市場。由於博弈本身的不當性，以及難以脫離來自政府等的法規制度、審查、關閉等，

藉由加密令牌的誘因設計，或許可以期待自律且正確的未來預測市場出現。

Augur

依循一定規則篩選出持有被稱之為REP（Reputation，有信譽）的令牌持有者，會報告在現實世界中所發生的事實，並且將報告者（Oracle公司）分散，以便形成經得起因中央管理者發生不當行為、審查之分散型預測市場。這個部分不僅可以用在博弈，也期待可以運用在衍生性金融商品（Derivative），例如：天氣指數、保險指數等方面。在設計上不僅是創造市場者（提問者），事實報告者也會收到REP，將擴大網絡的誘因投射在各種類型的網絡參與者身上。

◥ 注意力經濟

「Facebook」等SNS（Social Network Services，社交網路服務）普遍採用將使用者個人資訊提供給廣告商，以獲取收益的模式。相對於此，開始出現不需要使用者個人資訊、時間或是注意力（Attention）作為平台收益，而是直接將令牌（加密貨幣）支付給使用者的模式。個人資訊受到加密，不會在平台上公開，比起既有的服務更具有隱私性，在給予網絡參與者（使用者）誘因這方面相當有優勢。

(1) GetGems

在「Telegram」這種利用End-to-End加密方式開放原始碼的傳訊軟體上，再加上適用於比特幣與原有令牌「Gemz」的電子錢包功能。在聊天室（Chat）內，使用者不僅可以輕鬆地進行匯款，還可能因為使用應用程式或是對網絡擴充有所貢獻而獲得Gems，或是選擇接收廣告商所提供的廣告，也能夠獲得以Gems形式支付的獎勵。

(2) Synereo

可以簡單地用「分散型的Facebook」一詞來形容。使用者的資訊在雲端上會被加密，不會被洩漏到平台上。使用者們的網絡會因為活躍度（Active）、朋友人數，或是因興趣或是關心度而獲得分數，並且被分類，廣告商會支付使用者一種稱之為「Amp」平台上的加密貨幣，可以藉此受到使用者的注意。

▪ 共享經濟

提供空房（民宿）或是車輛共乘（Ride Sharing）等剩餘資源，使資源有效活用的共享經濟開始受到矚目，我們也可以期待利用區塊鏈技術建構出分散型的共享經濟服務，讓沒有中央服務提供者的網絡，可以透過平台上的令牌做為誘因自律地持續運作，進而出現具有承擔法規制度能力的分散型共享經濟平台。

(1) LaZooz

簡單來說就是「分散型的Uber」。根據協定向車輛共乘服務提供者支付一種被稱之為「Zooz」的令牌。相反的，使用Zooz者即可得到車輛共乘服務。由於是分散型網絡，因此很可能可以規避掉如來自既有計程車業界的訴訟風險。

(2) Storj

分散型的雲端儲存庫。使用者將硬碟（HDD）的閒置容量提供給Storj的雲端網絡，服務使用者即可收到SJCX這個令牌。保存在Storj的資料會進行加密作業，僅有資料持有者可以擁有金鑰，比Dropbox等中央集權型的雲端更有隱私、更有安全性，在價格方面也具有優勢。

▪ 身分證明

可以在區塊鏈上記錄個人資訊與身分證明（個人屬性、特性等），例如：沒有得到政府所發行的身分證明者，以及喪失來自原有國家身分證明的難民等，不需要仰賴政府機關即可記錄這些固有且不容竄改的身分證明。

此外，藉由在區塊鏈上確立線上身分證明，即可利用自己的身分證明驗證，不須任何密碼就能使用各種線上服務。

(1) Bitnation

特別是針對難民或是以沒有取得國家正式身分證明的發展中國家人民等爲對象，期望在區塊鏈上實現原本應該要由國家所提供的社會保障等功能。此外，提供難民專用、可以將比特幣兌現的比特幣簽帳金融卡，亦提供此服務予因爲無法證明身分而無法開設銀行帳戶的人們。

(2) One Name

記錄比特幣區塊鏈上的固定使用者名稱（ID）作爲線上身分證明。各種的SNS可以與自己的區塊鏈ID串聯，並且可以在區塊鏈上證明與驗證資訊的發送來源。此外，預計將會提供僅需區塊鏈ID，不需密碼即可登入使用線上的各種服務。

■ 線上遊戲

在線上遊戲內發行獨立貨幣、點數、代幣雖然相當普遍，但是，將線上遊戲內的貨幣改爲發行區塊鏈上的令牌，即可產生遊戲外的價值，並且可以透過比特幣換成現金。

不僅如此，將遊戲內的寶物改成區塊鏈上的令牌後，遊戲玩家就可以在區塊鏈上交易寶物，並且將特定遊戲內的寶物攜至其他遊戲中。不僅如此，利用區塊鏈的透明性，還可以藉由能夠向使用者證明的形式，製作出稀有性較高的遊戲寶物。

Spells of Genesis

將遊戲內的寶物放在比特幣區塊鏈上，使之令牌化後，就不會產生交易對手風險（交易對手的破產風險），使用者之間可以直接進行遊戲寶物交換或是兌換成金錢。此外，使用者也可以在區塊鏈上確認卡片發行張數等，以透明性較高的公平形式證明這些稀有寶物，亦可以公布平台上所保有的寶物數量等資訊。

■ 結語

如同「比特幣」這個名稱所示，一般提到加密貨幣技術，通常就會讓人聯想到新型態的貨幣、金融技術。然而，被當成一種貨幣的比特幣與其他加密貨幣，當初的功能只不過是為了維持分散型網絡，而給予網絡參與者的一些誘因。從這種型態的網絡以及區塊鏈資料結構所產生的無法竄改性、抗審查性、透明性等性質，如同在本章節中所介紹的，可以廣泛應用到貨幣以外的領域。

比起被當作貨幣的比特幣或是被視為一種金融技術的區塊鏈領域，2.0領域還只是一種概念，大多還處於實證實驗階段，成熟度可以說是還相當低。不過，由美國、歐洲、以色列等國家打頭陣，逐漸提高了這個領域受矚目的程度，因此有不少專家學者認為比特幣以及區塊鏈將會從2.0的領域開始滲透到你我的生活。比特幣往往會被提出來與網際網路比較，因為其在公開型、無須授權制（Permissionless）的協定上，可以建立出貨幣以外的各種服務。今後，這種技術或許將透過全世界的創業家、開發者提出我們截至目前所無法想像的應用或是服務。

智能合約建構平台「以太坊」

Smart Contract Japan股份有限公司創辦人　**佐藤 智陽**

「以太坊」是重新建構網際網路姿態的一種平台。在以太坊上運作的應用程式字典裡沒有「停工期」（Down-time）這幾個字存在，也不會出現「審查制度」或是發生「第三方不當行為」，以太坊上所記述的程式可以保證通常會被正確且確實地執行。究竟這個簡直像是夢境一般的平台，可以做些什麼呢？然後，又該如何實現這些夢境呢？本章節將介紹以太坊的概要以及實現分散型的技術，並且解說預計要推動的使用提案。

▪ 前言

回顧一下歷史，2013年維塔利克‧巴特林（Vitalik Buterin）的手，寫下「以太坊白皮書」（Ethereum White Papaer），開啓了以太坊的時代。2014年初，加文‧伍德（Gavin Wood）發表了可以將以太坊落實在程式內的規格。之後，到了2014年6月，開始將以太坊區塊鏈上所使用的令牌「以太幣（Ether）」交換成比特幣，並且進行代幣眾售（Crowdsale），經過42天的代幣眾售，募集到相當於18億日幣的比特幣。

　　2015年6月，以太坊發布了官方Beta版的「Frontier」。雖然曾經在2014年中就表示將公開發表，卻還是遲了大半年才公開。Frontier Version雖然是以太坊的正式Bata版，但正如官方網站上所示：「還不夠安全」，甚至在以太坊網絡正式運作後，還在努力修正安全性方面的演算法錯誤問題（Bug）。

　　然而，實際在Frontier上使用以太坊進行智能合約時，預期使用以太坊進行挖礦、收發以太幣等工作大致上都已經可以運作。未來的規劃是預計在2017年初左右安裝不需要進行挖礦的以太坊原創POS演算法，並且從目前的POW移出後，發布正式版本。

▪ 何謂以太坊？

　　維塔利克・巴特林在白皮書中，針對以太坊有以下的說明：

　　「以太坊的目的在於提供內建圖靈完備（在計算理論下，其技術機制與萬能的圖靈機具有相同的計算能力）程式語言的區塊鏈，讓大家可以隨意撰寫契約、變更狀態。使用者只要寫入數行的程式碼邏輯單位（Code Logic），就能夠創建出你我意想不到的系統。」

　　以太坊最大的特徵在於被稱之為「智能合約」的概念。藉由圖靈完備之程式語言，可以讓此處所述之智能合約，在區塊鏈上自由自在地變更狀態。

　　實行智能合約，必須要有以下三大工程：

1. 撰寫程式碼。

2. 保存於區塊鏈內。

3. 叫出傳送訊息的函數。

　　在此所運用的程式語言有類JavaScript語言的「Solidity」、類Python語言的「Serpent」、類Lisp語言的「LLL」。使用這些語言所撰寫出的程式碼樣本（Code Sample）會被公開在Github上，讓眾人可以自由下載、進行測試。

　　另一方面，為了保存在區塊鏈上，必須要將以太坊上的貨幣——以太幣當成費用支付出去，這時必須特別注意，一定要在自己的密鑰上簽名。因此，目前看來，要使用身為網路應用程式——以太坊上的應用程式，還有一些門檻存在。

　　要解決這個問題，有兩種解決方式，一是網路應用程式本身必須預先保有密鑰，或是讓密鑰容易在瀏覽器上讀取。此外，如果想要使用被上傳至區塊鏈的智能合約，必須先傳送訊息。此時，為了傳送訊息，必須先找到保存合約的地點（Address，位址），與比特幣同樣使用Block Explorer（可以顯示所有交易以及區塊詳細資訊的服務），即可查詢保存合約的儲存庫與合約的程式碼。可以直接對搜尋到的位址發送訊息，所以任何人都可以自由地執行合約。

▪ 分散型

　　為了讓以太坊上的資料可以維持在分散型的狀態下，執行運算（Computation）、在節點之間存取資料，必須進行各式各樣的安裝工程。所謂的分散型，是一種可以避免發生「停工期」、「審查

制度」、「第三者不當行爲」等特性的性質。

要檢測該網絡是否爲分散型，可從當想要竄改目前爲止所累積的既有紀錄時，需要透過多少程度的個人、組織、國家聯盟團體來進行驗證。

例如：在被認爲其分散型特質不會被破壞的比特幣網絡上，曾經有少數礦池（由複數挖礦者共同合作進行挖礦的組織架構）發生過獨占問題。聯合礦池或是進行鉅額投資時，就有機會獨占過半數的雜湊率，進行所謂的51%攻擊。所謂51%攻擊的危險性，即是將過去的履歷刪除。不論是單一或是聯合，只要聚集整個網絡的雜湊計算能力超過半數，即可重新設定事務履歷、刪除舊有的事務紀錄、獨占區塊的報酬獎金。

具體的操作手法如下所示：

獨占過半數雜湊計算能力的節點本身進行挖礦，卻不將發現到的區塊發布到公開網絡，而在當地（Local）繼續創建節點，爲了保有過半數的雜湊計算能力，必須比其他挖礦者更快創建出更長的區塊鏈，藉此濫用在比特幣網絡上，只有最長的區塊鏈才是正確的區塊鏈，短的區塊鏈都會被廢棄的特性。

針對這個問題，以太坊所進行的策略是對於容易獨占計算能力的ASIC提出一個GHOST協定，用來保護有承受力並且被稱之爲Ethash的協定，或是保護較弱小的挖礦者不要陷入不利狀況，以產生收益。

此外，P2P爲了實現分散型的溝通模式，安裝了可以用來擴散訊息的Swarm協定、用來進行安全性訊息通訊的Whisper協定，還有可以在區塊鏈上溝通的Eth協定。

■ 以太坊的技術概要

【基數樹（Patricia Tree）】

所謂基數樹是以用來將字符串集合化的前綴樹（Trie Tree）為基礎，使其呈現特殊性的集合式資料結構。在以太坊上，使用基數樹可以擴充安裝在比特幣區塊鏈上的默克爾樹（Merkle Tree），並且裝有可以讓保存資料變得更有效率的協定——默克爾基數樹（Merkle Patricia Tree）。相對於比特幣上只有一棵默克爾樹，記錄著被稱之為默克爾根（Merkle Root）的一種默克爾根雜湊值，以太坊則是被三棵默克爾樹的默克爾根所記錄著。三棵默克爾樹分別是記錄區塊鏈上「狀態」的狀態樹（State Tree）、記錄「狀態變化履歷」的收據樹（Receipt Tree）、記錄「帳號」的帳戶樹（Account Tree）。

【Ethereum Communication Protocol】

如果所有的P2P溝通都在區塊鏈上進行，成本將會變得非常高，因此利用以太坊建構出三種溝通協定。

Messaging Types

- EthProtocol（ETH://）：使用於即時傳遞事務、即時傳遞區塊鏈雜湊值、即時傳遞區塊鏈。
- Whisper Protocol（SHH://）：可以鎖定對象，安全地將訊息送達的P2P溝通協定。
- Swarm Protocol（BZZ://）：可以如Bittorret般進行內容

（Content）擴散，實現P2P的資料共享協定。進行區塊本身、合約以及檔案的擴散。

【Light Client Protocol（SPV）】

這是在比特幣中，一種被稱之為SPV電子錢包的安裝方法，提供一個驗證系統的協定給手機（Mobile）等完全無法下載區塊鏈的裝置，目前雖然沒有安裝在以太坊上，但是預計將用於LES/1的安裝。另一方面，變成POS之後，預計安裝方面將會變得更困難。問題點在於對區塊頭（Block Header）應該要有多少信任？以太坊開發團隊，在傳送區塊鏈事務與狀態時，會使用分散式雜湊表（Distributed Hash Table, DHT）以及在「星際」之間的星際文件系統（Inter Planetary File System（IPFS），附有版本管理功能的分散式儲存庫），並且使用Swarm傳送區塊鏈的副本，以期提高信任度。

【Fee System】

挖礦者從比特幣上獲得的報酬，基本上是每10分鐘25 BTC（依2016年1月3日時點換算，約為130萬日幣），再加上使用者每次傳送比特幣就會發生1元日幣到10元日幣左右的事務費用。目前每天的比特幣事務量約為15萬次，因此能夠從事務費用獲得的挖礦報酬極低。但是，在以太坊方面，事務費用還可以再加上運算的費用，為了計算運算費用，可以使用像是Solidity Online Compiler這種工具，在左側記載准許跑哪一些程式碼，即可計算出必要的Gas總量。計算出的Gas會與目前的Gas Price合併，即可藉此計算出必

要的以太幣量，並且根據當下與美元的換算匯率計算出要花費多少成本。

【Solidity、Serpent、LLL】

Solidity是一種用來撰寫讓智能合約可以在以太坊上運作的程式語言，類似JavaScript。這些專門用來撰寫合約的程式語言都是依循加文・伍德所撰寫的規格，目前一般普遍使用Solidity。

【Bad Block Reporting】

以太坊經常會發生無法取得共識（Consensus）的錯誤。那是因為想要讓所有程式碼都在區塊鏈上運作，所造成的系統危害。Bad Block Reporting即是當以太坊上發生「Bad Block」，也就是系統發生危機時，可以向核心開發群組人員通報的一種功能。

【Bad Chain Canary】

古早以前開採礦石時，會習慣帶一隻金絲雀到礦山去，因為金絲雀可以最早感應到毒氣。以太坊的四位核心開發者擷取了這樣的概念，為了在以太坊發生重大問題時可以即時因應、公告周知，遂要求用戶端使用者更新應用程式。

■ 以太坊所需面對的課題

以太坊是一個開發中的平台，因此還有各式各樣的課題需要面

對，其中之一起因於在以太坊上運作的智能合約。

　　例如：在目前的以太坊上，合約並無法從目前區塊取得比256更舊的區塊雜湊值。這是爲了預防未來包含預約呼叫的事務（Call Transaction），會塞滿區塊鏈所做的設計。

　　這必須藉由安裝一些合約來解決，例如：「合約A被放入區塊鏈後，1,000個區塊之前的雜湊值會變成亂碼」，因爲產生了這些亂碼，在建立合約A的程式碼時，當合約A放入區塊鏈並且經過1,256個以上的區塊後，即使呼叫合約A也無法取得該亂碼。因此，爲了創建未來能夠呼叫出該合約的事務，就必須創建另一個被稱之爲「Time Alert Contract」的合約，預先將其呼叫回來。

　　此外，以太坊公開發布、開始在測試網路上運作後，仍會因爲放入負值堆疊（Stack），導致演算法發生錯誤（Bug），使得以太幣被無限製作出來的狀況發生。這是因爲安裝了相同規格、不同程序運作的程式語言。

　　還有，可擴展性（Scalability）與隱私性問題。核心開發者致力於將分片（Sharding）、同態加密（Homomorphic Encryption），以及多方運算（Multi-party Computing）等技術組合、進行研究開發，以期解決這些問題。然而，爲了實現分散型系統，還有一個課題要面對，那就是將以太坊從POW變更爲POS後，是否能夠確保與比特幣相同的安全性，因爲在取得擔保資產量網絡共識的POS上，可以藉由將資產集中到某一處的方式，企圖欺瞞網絡。

■ 以太坊相關開發計畫

【BlockApps】

由微軟所提供的「Microsoft Azure 雲端服務」，使用以太坊作爲其BaaS（Blockchain as a Service，區塊鏈即服務）的系統。

【Etherex】

可以讀取智能合約內令牌的分散型交易所。目標在於讓各個交易所都能夠在區塊鏈上自動讀取標準化的令牌。

【Weifund/BoardRoom】

利用以太坊所發行的令牌，進行群眾募資（Crowdfunding）時，可以依照令牌分配率進行分配與管理的平台。

【Slock‧it】

爲了讓全世界的企業都可以製作智能鎖專用機器的協定。此外，提供爲了實現設備共享經濟的智能合約作爲開放原始碼。

【Digix Global】

在新加坡提供的一種服務，於保管客戶的黃金（Gold）後，發行黃金（Gold）令牌，只要使用該黃金令牌即可進行價值的操作。

【HydraChain】

這是由在Python上安裝以太坊的海科・希斯（Heiko Hees），所發布的開放原始碼軟體。相對於以太坊本身是無須授權制的區塊鏈，HydraChain則是認許制的區塊鏈，或者也可以提供雙方組合後的區塊鏈服務。認許制區塊鏈與無須授權制區塊鏈組合後，稱之為聯盟型區塊鏈。

【Augur】

為了實現預測市場的分散型協定。個人或是企業都是可以自由預測市場的莊家，也可以參與其他人所創建的預測市場進行博弈，或成為預測市場的報告者。安裝可以將REP令牌分配給報告者的架構，作為誘因，讓報告者願意正確報告現實世界中所發生的事實結果。

▪ 結語

比特幣與以太坊等各式各樣的加密貨幣、區塊鏈所誕生的背景皆是分散型的思考方式。目前所提倡的分散型應用程式都還在開發中，整個加密貨幣市場總額約為1兆日幣，還非常的迷你。但無庸置疑的是，分散型技術的未來一片光明。這項技術的特性是可以排除中央集權、執行契約、進行同一個資料的共同作業、擔保資料的永續性等，能夠被各個產業所運用。

此外，如果想要讓以太坊與比特幣這種分散型系統得以普及，

其實不需要仰賴任何人，只要應用程式的開發者能夠散發赤子之心、醞釀出讓眾人可以自由自在地使用該系統的生態環境即可。這種生態系統將會隨著輕客戶端（Light Client）與多方運算（Multi-party Computing）的發展而不斷進步。分散型自由市場也將會在這樣的環境下逐漸成長茁壯。

在思考「理想的社會系統為何？」這個問題時，擁有較明顯意識形態的分散型系統就佇立在眼前。隨著系統不斷加速普及，在不久的將來我們恐怕又會對這些系統要求要有更深入的見解與想法。

NEM —— 區塊鏈技術的新典範

Dragonfly Fintech Pte.Ltd.創辦人兼CEO　王倫（Lon Wang）

　　區塊鏈技術是在加密貨幣——比特幣端所發祥的一種技術。比特幣的交易，必須要藉由如帳本般的解決方案進行交易，沒有任何人可以對該帳本恣意操作或是進行詐欺，並且還要能夠在公開型網絡上進行管理。

　　區塊鏈技術就是目前廣為人知的一種帳本技術，開發當時幾乎沒有人察覺到即將要有一個用途廣泛的強大技術誕生。這個技術在不久之後，就以凌駕加密貨幣始祖——比特幣之姿，成為各個平台的解決方案。

　　NEM（New Economy Movement，新經幣）是依循幾項比特幣的概念，將其改善、變化，使之更加成熟的區塊鏈技術之一。NEM的誕生是為了克服從比特幣發展出來的區塊鏈技術缺點。

　　NEM是完全從零開始開發，全新的區塊鏈技術，更有效率、更單純、擴充更容易，無論如何，其API（Application Programing Iterface，應用程式介面）的規格與設計結構都很容易與外部的應用程式統合。

　　近來，隨著NEM等新興區塊鏈技術出現，比特幣的區塊鏈技術也慢慢地讓出了一條路。雖然目前許多企業大都採行的是比特幣的區塊鏈技術，但也同時開始了解其限制所在。

區塊鏈技術當初在開發時所依據之概念，茲整理如下：

- 管理加密貨幣令牌，在類似帳本的環境下，進行交易記錄。
- 在大量資料複製（Replication）模式下，這個分散型帳本無法被任何人控制。
- 為了獲得令牌，必須進行挖礦的動作，和現實世界中為了取得黃金必須去挖掘的行為類似。
- 透過加密技術的密鑰與公鑰，讓交易可以保障安全，並且系統是可以驗證的。
- 可以保障所產生的加密貨幣（=被挖礦出來的貨幣）的公開帳本。
- 是恆久不變、不可逆的帳本系統。
- 任何國家都無法破壞，在網際網路上以P2P系統的形式存在。

　　未來，區塊鏈技術將會被開發出更多種新興功能。本章節在此僅針對其中一種——NEM的區塊鏈平台以及其實用性進行解說。

⁛ NEM的背景

　　NEM計畫是在眾人已經對於加密貨幣非常熟悉的狀態下發跡的，當時有接近1,000種的加密貨幣（艾特幣）存在，幾乎都是比特幣加密貨幣的衍生形（Fork），只是稍微修改了一下原本的開放原始碼。

　　NEM則是以與這些加密貨幣全然不同的方法（Approach）

與立場創立的，NEM採用不同的挖礦手法，挖礦時必須要有昂貴的機器設備，NEM將其稱之為「收割」（Harvesting）。這個結構（Architecture）是依據包含資料庫伺服器的應用程式伺服器（Application Server）概念所建立。

　　與所有的區塊鏈技術一樣，NEM為了確保交易的秘密性、正確性，並且防止雙方不認帳，而使用了加密技術（具體而言是指橢圓曲線密碼學）。每個帳戶會使用一組ED25519的金鑰對（Key Pair），當交易透過網絡被接受時，就會更新相關可變狀態。

　　為了讓加密貨幣價值被操弄的機率達到最低，所以應該要在更分散的狀態下發布加密貨幣，NEM當初即是從想要具有這個簡單功能的加密貨幣開始構想的。

▪ NEM的區塊鏈技術方法

　　將比特幣的區塊鏈解決方案作為第一代的解決方案，從實用性的觀點來看，該設計上有許多缺點，茲整理如下：

1. 交易驗證耗時——至交易驗證確定為止，大約需10到60分鐘。
2. 難以使用，必須透過第三方進行擴充或是提供服務。
3. 獨立的電子錢包開發耗時，並不實用。
4. 解決方案對使用者而言並不友善，僅以對技術很了解的開發者為對象。
5. 缺乏在現實世界的實用性，經常必須由第三方進行開發，造成服務氾濫。

6. 雖然各自有所不同，但是因為還有許多第三方設計的工具存在，造成要選擇解決方案時相當混亂。

7. 為了營運節點必須要有昂貴的機器設備，消耗無謂的電力。

　　將比特幣的缺點改善後，所創造出來的NEM技術方法內容包含如下：

- Proof of Importance（重要性證明=POI）。
- 採用Web-based的架構。
- 區塊（生成）時間短。
- 更簡易的事務管理。
- 節點自動驗證。

POI

　　改善方法之一是利用POI開發出新的「收割競爭」方式，在這個概念下，行使所謂收割的權力，大致上是由帳戶上持有加密貨幣的餘額，以及帳戶處理的交易量（活動）所決定的。帳戶處理的交易量越多，對網絡而言的重要性（Importance）也會上升，該帳戶可以收穫到的機率也會跟著提升。

　　「收割」是一種全新的手法，加密貨幣在收割競爭下，可以排除需要大量資本的計算能力，以及計算時所需耗費的必要電力。再者，不只是要考慮帳戶所持有的貨幣餘額，還包含要將交易的活動放入該「方程式」中，可藉此排除「收割結果」被操作的風險。事務活動是用來測量網絡支援比例的指標，也是在收割時判斷是否要

給予該帳戶較優越地位的關鍵值。

Web-based的架構

NEM解決方案的結構，當初只是想要拿來作爲Web伺服器上的一種應用程式環境。該API爲了依循業界習慣，採用標準的結構──JSON RESTful API方式。因此，非常容易與主流的電腦程式語言開發整合在一起。

採用Web-based的架構設計，如初期的設計所示，在抽象的平台便利性方面，可以大幅減輕一直以來的安裝困難度相關問題。

各個帳戶利用伺服器上的各個節點進行收割。此外，這些節點也負擔了必須將紀錄保存至區塊鏈的工作。節點是由Web伺服器、資料庫，以及NEM區塊鏈技術的核心應用程式所構成。

節點只需要最少的記憶體容量，並不需要龐大的計算能力，因此，需要消耗的能源與資本都很少，以此作爲區塊鏈的平台是非常有效率的解決方案。

各節點是以P2P的接續型態，讓彼此處於相同時間，即使遭到駭客攻擊，或是視爲已被外部進行變更的節點都會自動被系統排除，不會構成安全性的問題。

與其他的區塊鏈技術解決方案相同，是在不需要各個節點互相信任的共識方式前提下設計出來的。

節點建立容易，並且可以立即與客戶端（Client）連接等，建立單純的節點具有許多優點。雖然電子錢包已經具備單純的客戶端或是專屬的應用程式，但還是必須由客戶端進行動作。若雙方皆透過API與節點連接，就是一個可以輕鬆運用該功能的架構了（圖表5-2-1）。

圖表5-2-1　NEM的Web-based架構

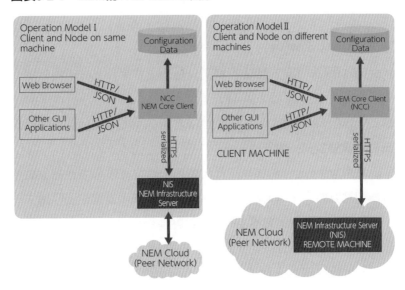

以往的設計是區塊鏈必須與電子錢包放在同一台機器上。因此，為了符合不同的規格，必須開發出各式各樣不同種類的電子錢包。而NEM的方式是採用Web伺服器的架構，區塊鏈資料不需要與電子錢包存在於同一個機器內，實際上，當應用程式與區塊鏈分離，客戶端的電子錢包就會變得輕巧、更容易設計，智能設備也會因此變得具有高度親和力。但是，為了處理交易，智能設備會特意在後台與區塊鏈合作，因此必須與中央集權型的伺服器連接，在意義上有其矛盾之處，同時也暴露了信任與安全性的風險。NEM的架構與比特幣不同，可信度更高，可以真正實現非中央集權化的目標。

區塊（生成）時間更短

事務經由批次處理，會以「區塊」為單位進行驗證（這是「區塊鏈」這個名稱的由來）。與典型的會計處理方式相同，對於該帳戶的所有核定項目都會以批次處理方式進行記錄，期末時再轉檔至複數的帳戶內。一般會計期間是以日或是月為單位。

在加密貨幣的世界裡，該轉檔處理時間的單位各有不同。然而，通常會是以分鐘為單位，例如：比特幣的事務約是每10分鐘進行一次批次處理。這種轉檔處理時間的單位稱之為Block Time。

在區塊鏈的技術方面，交易會先暫時存放在伺服器的記憶體上，直到被記錄至區塊鏈內為止，都會處於未驗證的交易狀態。透過任意的Block Time，可以處理的交易件數每秒約為3~7件。Block Time時間越長，可以處理的事務量也越多。比特幣的10分鐘Block Time，換算成每區塊的處理量，大約是1,800~4,200筆事務。

NEM的Block Time為1分鐘，相當於每個區塊處理120筆事務。換算成每1秒，約可以處理2筆事務。

比區塊鏈更短的Block Time，也意味著可以縮短驗證時間。

事務管理

區塊鏈的交易管理相當麻煩，往往處於一種會導致混亂的複雜狀態。「母帳戶」底下掛著非常多的「子位址」（Sub-address）。而且，在不同的子位址底下，同時又掛著「子帳戶」，並且全數集結在母帳戶下。表示區塊鏈在發送交易訊息時，也必須同時發送給這些子帳戶。這樣的管理方法，說得保守一點，就是「導致混亂」的原因。

相對於此，NEM的交易管理方法就非常簡潔，只要建立一個帳戶就可以將所有的交易放入一起處理。一個母帳戶可以同時完成一個子帳戶的交易，這些交易不會混亂，並且容易被理解。

節點自動驗證

　　P2P網絡非常堅固牢靠，即使部分節點發生障礙，仍然可以持續運作，實現讓系統處於100%運作的Uptime（正常運行時間）狀態。然而，P2P網絡的缺點是節點完全匿名，因此難以確認該節點是否帶有惡意。

　　在NEM網絡上導入EigenTrust++演算法，即可自動管理節點，並且從信任的觀點加上比率（Rate），成為一種當節點不可信任，就會被拒絕、忽略的架構。

　　這種評估（Reputation）系統是NEM特有的，也是第一個將這種評估模式作為節點管理的加密貨幣。

◣ 次世代的區塊鏈技術

　　NEM區塊鏈是以簡易的加密貨幣構想開始的，對於當初的解決方案有興趣，同時也對NEM開發主體有興趣的部分積極參與者，投入了一些有價值的資源。藉此，NEM的區塊鏈平台朝向世界一流的解決方案邁進，航向了與當初截然不同的方向。隨著導入各式各樣的新興功能，NEM的區塊鏈平台也更趨完整。

　　今後將持續進行開發，並且會將以下功能導入NEM：

- ・採用ED22519電子簽名演算法。
- ・業界第一個鏈上多重簽名（On Chain Multi Signage）功能。
- ・P2P時間同步機構。
- ・令牌資產管理功能。
- ・私有區塊鏈。

除了私有區塊鏈的部分，上述各個功能都是因為NEM的區塊鏈解決方案，而首次被採納至加密貨幣的世界中。此舉開啓了統括式的次世代區塊鏈解決方案，為了讓上述功能更容易使用，許多解決方案也隨之加速輩出。

NEM的區塊鏈解決方案，亦可實際用於主流的應用程式。

採用ED22519電子簽名演算法

隨後，將ED22519電子簽名演算法導入NEM，ED22519電子簽名是一種最為安全且快速的演算法。

ED22519公鑰電子簽名系統解決方案是以安裝C語言的Python Binding為基礎。

藉由這個函式庫，建立簽名與驗證用的金鑰對（Key Pair），從簽名用的金鑰衍生出驗證用的金鑰，從在訊息上簽名到驗證該簽名，全部都是以高速（只需要2毫秒）的方式完成。金鑰與簽名都非常短，處理時也方便放入其他協定內。除此之外，如果使用暴力破解法至少需要演算2的128次方，因此可以提供與AES-128、NIST P-256、RSA-3072同等的安全等級。

（註）ED25519公鑰電子簽名系統解決方案的詳細內容請參照NEM的Github
（https://github.com/NewEconomyMovement/python-ed25519）。

鏈上多重簽名功能

　　進行交易驗證時，有時候必須要經過複數當事人同意。這種驗證方法是藉由複數當事人進行帳戶管理，方可實行達成整體共識交易的驗證方法，因此多重簽名（由複數當事人簽名）相當重要。

　　這個部分是模仿一般的商業重要文件處理方法，在一般的交易程序上，金錢的授受也會要求具備經由複數當事人驗證的規格。（區塊鏈上）只要滿足一定的標準，就會藉由自動化的程序，自動簽名、驗證這些交易。

　　另一個案例是現實世界中的支票交易，這也是需要一位或是多位當事人簽名。因此，多重簽名也可以說是現實世界的流程之一。

　　NEM的多重簽名功能是獨立的。NEM的多重簽名功能與其他的區塊鏈解決方案不同，在交易進行廣播（Broadcast）時，不需要事前依賴中央集權型的應用程式、收集簽名。

　　所有動作都會在區塊鏈上結束，所以不需要擔心所有的應用程式與帳戶是否會在中央集權型的應用程式伺服器上運作，就可以直接簽名，在這裡沒有單點故障的問題存在。這項功能是NEM獨有的，非常強大的功能。

　　NEM的每一筆交易最多可以有32位當事人簽名。也可以接受M of N（N人當中有M人）的簽名方式，事務上的簽名可以是部分（M）或是全部（N）。

　　除此之外，亦可以變更簽名的當事人，這也是在實際使用上相當方便的功能，不然的話，當某些人死亡或是密鑰遺失時，如果無

法刪除該簽名當事人、替換成其他人物，該帳戶就會失效。

P2P時間同步機構

　　與其他加密貨幣相同，NEM的交易與區塊必須得依賴「時間戳」，理想上，網絡上所有節點的時間應該要同步才對。現在幾乎所有的操作系統都已經安裝了時間同步功能，但是節點的地區時間會與實際的時間差距達1分鐘以上，這往往會是節點拒絕有效交易或是拒絕該區塊的原因，結果就造成這些節點無法與網絡同步。

　　如此一來，為了讓所有的節點在時間上達成共識，必須要具備一個時間同步的機制。基本上，有兩種方法可以思考：

1. 使用NTP（Network Time Protocol）等現有的協定。
2. 使用顧客協定（Custom Protocol）。

　　使用NTP等現有協定的優點是安裝簡單，網絡時間經常會被修正為接近正常的時間狀態。然而，也有缺點存在，那就是網絡不得不依賴外部的伺服器。

　　參與網絡的節點，有時也會基於某些理由，故意不去設定NTP。前提是這些節點是獨立且匿名的，因此無法有意識地去控制它們。如此一來，要確保這些節點的時間同步就相當困難，經常無法與NEM區塊鏈連接。

　　如果使用的是只依賴P2P網絡本身的顧客協定，雖然可以解決這個問題，不過也會有一些犧牲，因為不可能確保網絡時間經常被調整為正確時間。

NEM採用的是完全自外部主體獨立的顧客協定，可以根據重要條件，使用合理的方式，讓這些節點時間同步。

令牌資產管理功能

NEM區塊鏈平台上最強大的功能，就是安裝了區塊鏈的令牌發行管理系統。

在NEM區塊鏈上，不需要幾分鐘就可以做出令牌，發行令牌時可以根據一定的標準定義之。NEM的公開區塊鏈基礎──加密貨幣「XEM」，可以說就是NEM最初做出的令牌。

NEM所做出的令牌全部都是獨立的，首先會由建立者在命名空間（Namespace）領域創建、擁有令牌，下方可以再加上獨立的名稱，即可做出無數的令牌。

各個命名空間領域內，可以由不同建立者進行同樣的行為。然而，其他建立者或許也會想要創建與最初建立者相同名稱的令牌，拆成兩個部分來看，命名空間領域是單獨的架構，在這種情形下，藉由命名空間與令牌的名稱組合，令牌還是可以使用獨立的名稱。

在NEM方面，命名空間領域稱之為Namespace，令牌則稱之為Mosaic。

各個Mosaic具有以下屬性：

- 說明（Description）：最多可自由輸入128個字元的Mosaic說明文，可由擁有者自行變更。
- 可分割性（Divisivility）：最多可以將數量分割設定至小數點以下6位，例如：可分割性設定為2，係指至小數點以下2

位。

- 資訊（Information）：資訊（Property）可以任意排列，但是有尺寸限制，與NEM的「訊息」相同。
- 網域名稱或是命名空間（Domain Name/Namespace）（必要）：由Mosaic建立者所登錄、擁有的全世界獨一無二且適當的網域名稱（Domain Name）。頂層（Top Level）的Namespace限制爲16字元，Sub-namespace則限制在64字元內。
- 姓名（Name）（必要）：Mosaic的名稱，限制在32字元以內，在網域名稱下，必須是獨特的。
- 可變更發行量（Mutable quantity）：流通的Mosaic數量。不變時，數量固定；變動時，可以追加數量或是刪減數量。
- 讓渡性（Transferability）：不可，表示沒有讓渡性，僅有使用者與建立者之間可以讓渡；可，表示可以在第三方之間自由讓渡。
- 課徵金（Levy）：在課徵金方面，Mosaic建立者可以針對後續的Mosaic交易，設定手續費，這個手續費會被匯送至建立者所指定的帳戶。

目前，所有的Mosaic或是XEM都可以設定手續費。

今後應該還會再追加更多的新功能，像是分紅獎金、評估、召回、雙層結構（資產內再放入資產）、由發行者負擔手續費、擴大不可讓渡的白名單（Whitelisting）、可以重新定義的手續費、簡易的履約保證、可變更的有效期限等。

■ NEM區塊鏈的實用性

NEM區塊鏈的設計在現實世界裡適用於許多用途，部分使用範例，列舉如下：

- 文件的時間戳與數位指紋辨識（Finger Print）。
- 加密或是未加密的訊息傳遞服務（Messaging）。
- 藉由NEM的鏈上多重簽名功能，電子錢包可以不需要複數簽名者。

使用範例：像是PnP（Plug and Play，隨插即用），軟體的建立不需要與鏈同時，只要使用放入USB Drive的事務簽名即可的小型指紋辨識軟體。詳細內容請參照XEMsign（https://github.com/QuantumMechanics/XEMsign）。

- 在應用程式內使用隨機的驗證碼──NEM Key ID（NEMKID）進行驗證，是一種不需密碼的Sign-on功能。是非常安全的驗證方法，亦可當作兩階段驗證的密碼。
- Mosaic交易（Mosaic是NEM上的獨立資產，區塊鏈上的資產一般大多被稱之為彩色幣，Mosaic雖然也是其中的一種，但不同的是它並沒有在資產上添加「顏色」做為區別，而是實際發行的個別令牌）。
  ✓P在資產方面，可以自由變更發行量、在發行數量內變更，或是固定數量。
  ✓各Mosaic皆是採用Namespace的方法，並且擁有獨特的名

稱。

✓資產在規定的期間過後，即失效（一般會在數秒至數十秒
的範圍內，使用正確的Block Time進行設定）。

✓資產內可以包含多層的資產——衍生的衍生的衍生——無
限制的陣列（Array）。

✓可以將資產與其他資產釘住（Peg），例如：股價。※所
謂釘住是指「確保固定匯率」。

✓資產（如現金）可以用來擔保現實世界的資產。

✓資產不僅是在使用者之間，亦可設定為僅在發行者與使用
者之間交易時發行。例如：土地所有權，或是使用者辨識
等。

· 安裝未來的商業規則（以智能合約而廣為人知）方面，將有
以下可能性：

✓分散型應用程式。

✓中央集權型應用程式。

✓安裝用於外部活動或是區塊鏈活動的履約保證解決方案、
博弈（Bet）、衍生性金融商品等。

時間戳

時間戳是單純的訊息傳遞系統，任何人將任何內容發送至區塊
鏈時，即可在事務上蓋上時間戳。蓋有時間戳的活動，可以隨著以
下訊息發送至特定的帳戶內：

Event Reference Number：4747959585

Hash Reference Number：417035h2hTT8823785255bbcc8127582
57kd85720ye9572jH7KQ

之後在現實世界中，當事人之間往來的事務部分，就會在文件內附上可以用來參照上述訊息的雜湊值編號。如果想要提供可讀性更高的服務，還可以撰寫用來讀取參照訊息與時間戳的程式。

在電子文件方面，不論是圖像或是文件，或是與雜湊值組合的文件，皆可以用來當作「該文件毫無異議為原創文件」的證明，因為所有的電子文件都是獨特的，文件檔案的雜湊值與數位指紋辨識都可以藉由該獨特性進行識別。

訊息傳遞

不論令牌是否有被收納在事務內，事務內都可以寫入訊息，最多可以保存檔案大小160字元的訊息，也可以選擇進行加密（這時會減少48字元的酬載量，最多僅可保存112字元），特別是希望能夠在事務內放入訊息時，這項功能會顯得非常方便。

然而，關於區塊鏈上可以記載的訊息檔案大小限制，與其說是設計上的限制，其實是一個選擇性的問題，比方說，在私鏈上的主體採用ISO20022訊息標準格式時，不論是2KB或是20KB，都可以輕鬆因應。在此所謂的限制是指，訊息的檔案大小會受到區塊鏈本身尺寸的影響，舉例來說，一天有100萬筆事務，每筆有2KB的訊息，就會讓區塊鏈的資料庫一天增加2GB，換算下來，一年就是730GB。實際上，這個限制還會受到硬碟容量所限。話說回來，由於硬碟的成本便宜，所以在企業所建構的私有區塊鏈方面並不成問題。

多重簽名

　　在NEM方面，比較重要的是獨立的多重簽名功能，與現行的其他解決方案不同，NEM的多重簽名較為獨特，在彙整所有簽名之前，不會被保存至受到中央管理的電子錢包內，也不會被廣播至網絡上。相對於此，多重簽名方面是先將訊息發送至簽名完成的節點（Network Infrastructure Server, NIS），再從這個NIS傳播至其他所有的NIS，這時會事先規定好在24小時的期間內必須要維持在記憶體上，讓剩餘的簽名者進行簽名。取代依賴中央集權型的應用程式解決方案，NEM的解決方案是利用NIS，並且藉由原本應有的做法（去中心化、分散式的方法），保護進行中的事務。

　　完成後，即可以在網絡上進行的分散型多重簽名解決方案，這個架構會在所有該簽名的簽名者完成簽名後，使之成為一筆有效的事務，並且自動地將其廣播至區塊鏈上。

　　在大多數的其他區塊鏈技術中，一般都是將多重簽名功能提供給第三方作為解決方案。然而，如上所述，目前這已經是NEM的標準配備功能。對於希望將多重簽名功能自動化的程式設計師來說，為了要讓事務上附有簽名或是開始附有簽名，透過NCC（NEM Core Client）即可具體地呼叫API。這個部分讓安裝多重簽名解決方案變得極為容易。

　　多重簽名所能實現的功能，進一步列舉如下：

・具有M of N（N人當中有M人）的功能，也就是說，在N位（最多32位）有權限簽名者當中，至少要有M位以上的簽名。

‧簽名者的追加與刪除。

‧TTL（生存時間）事務，例如：所有簽名者在事務上完成簽名的最長有效期限爲24小時。

多重簽名對於自動化之履約保證，或是在因爲活動（Invent）而提供有效服務使用案例方面特別能夠發揮作用。在其他運用方法方面，亦包含中央集權化的智能合約等解決方案。此外，多重簽名功能本身就可以當作一種啓動器，使一連串其他合約或是活動有效。

NEM核心團隊基本上絕對不是採用完全分散型（Decentralized）的智能合約概念。因爲，如果區塊鏈上所存在的智能合約都是以分散型的程式碼所組成，可能會面臨各式各樣的問題。再者，現實的情況是不論單數或是複數的契約主體，在外部輸入沒有受到管理的狀態下，區塊鏈上的智能合約往往只能就此草草結案，這對NEM開發者而言是一件無法想像的事情。從外部輸入這件事情來看應該是屬於分散型才對，然而，諷刺的是智能合約卻不得不採用中央集權型，因爲智能合約本身即存在著矛盾的結果。此外，一些前瞻的企業已經採用與智能合約不同形式的業務流程，但是，要將這些流程全部替換至區塊鏈空間上，往往需要龐大的費用，讓人敬而遠之，因此還需要一點時間。

關於即效性且有效率的解決方法方面，如果要處理事務，先準備好所有的「錨（Hook）」，就可以成爲受到中央集權控制的智能合約。這意味著，比起其他解決方案，NEM處於一個非常有利的位置。

爲了證明這個部分，有個很好的例子，就是「債券的分紅」，

舉例來說，典型的債券發行與支付方面，通常必須伴隨著以下這些
項目：

- ·到期日。
- ·（債券的）票面利率。
- ·本金或是面額。
- ·定期配息。

或者，假設採用的是沒有第三者介入、分散型的智能合約，為
了確實執行契約，必須要經過複雜的金錢往來，因此，「分散型」
的問題反而堆積如山。

由於契約有著以下所述的缺陷，因此不可能實行智能合約。

- ·企業為了擔保債券，會變得無法隱藏現金，例如：與原本說
  要籌措資金的目的完全相反。
- ·擔保債券時，如果無法完成該義務，結果就會變成在販賣真
  正的資產或是執行擔保權利。如此一來，此處就無法避免中
  央集權型的組織介入。
- ·契約必須要行使支付的動作，支付的動作必須透過主體為中
  央集權型的銀行。因此，智能合約在這個時點下恐怕達不到
  「智能」的程度。

相對來說，NEM的方法就非常地單純。

- ·發行使用NEM資產的債券，以及可以用來表示交易條件的

債券令牌。也就是說，這些令牌可以當作是時間戳以及經過驗證（亦即產生雜湊值、記載於區塊鏈上）的文件。

- 自動將金錢匯入、支付至債券擁有者帳戶的中央集權化合約。
- 債券擁有者之間如果要交換這些債券，必須至中央集權化的交易所辦理。
- 多重簽名處理適用於這些債券令牌，可作為交易所內各當事人之間的債券處理與結算支付驗證流程。

這樣的權利行使方法非常順暢與簡單，並且遵循著現實世界所需的條件。智能合約（利息計算、支付、到期日管理，以及其他各個條件）本身就已經存在於現實世界的實務當中，因此如果需要再耗費龐大的成本重新建構管理系統，實在太浪費。必須建構的是用來交換這些令牌等特殊目的的交易所，這樣的建構一勞永逸，完成後就可以統籌處理所有的債券與證券。

話說回來，在NEM上設定、發行債券的資產令牌，所需時間差不多在30分鐘以內。

NEM Key ID（NEMKID）

在NEM上安裝公鑰或是密鑰，相當容易。

使用NEMKID登入服務時，伺服器不需要在資料庫上保管密碼，而當系統需要密碼時，可以直接使用NEMKID進行使用者驗證。實務上，NEMKID的使用者簽名是從字母與數字產生驗證碼，簽名正確時，即可驗證該使用者為正當使用者。

　　NEMKID也可以用來做爲二階段驗證，可以從NEM獨立出來，另行開發。茲以以下情境來說明此架構。

- ・應用程式會將使用者的NEMKID公鑰保管於資料庫內。使用者想要登入時，應用程式就會以亂數方式產生一些字符串給使用者。
- ・使用者以密鑰方式簽名後，伺服器就會使用資料庫內的NEMKID公鑰，以雜湊字符串回頭比對是否爲擁有正確密鑰的使用者。
- ・如果密鑰正確，應用程式就會准許使用者登入。
- ・如此一來，就沒有密碼存在的必要性，也可以排除因爲駭客入侵等而導致密碼洩漏的危害。
- ・爲了建立更牢靠的驗證解決方案，也可以使用NEMKID輔助進行二階段驗證。
- ・再者，由於NEMKID可以證明該登入者爲本人，亦可當作身分證明使用。

自動發送令牌

　　只需要較少的勞力與幾個API Call即可開發出能夠使用多重簽名、自動發送令牌等的應用程式，這個部分也包含線上遊戲內電子錢包的令牌或是簡單的水龍頭解決方案（Water Faucet Solution）等。

　　比方說：某間企業希望發行會員點數（Loyalty Point）。藉此管理對該企業忠誠度較高的顧客資料庫，因此要協助他們製作附有

會員點數管理的系統。這間企業只要使用NEM區塊鏈解決方案即可輕鬆發行令牌，代替原本必須自行撰寫複雜的使用者點數管理程式，讓系統自行處理這些事務，即可進行會員點數的管理。這樣一來，管理點數時就不需要耗費一些無謂的程序，最後，在進行點數系統維護營運計畫時，該企業發現竟然可以藉此削減數萬美元的成本。透過使用NEM，系統的設計與建構都變得非常簡單，只需要幾週的時間即可成立一個點數系統。

▪ 結語

NEM是由加密貨幣界中頂尖的三名工程師所開發，是非常前瞻的區塊鏈解決方案。此外，在區塊鏈業界中，提供商用平台的幾間企業──Tech Bureau公司以及Dragonfly Fintech公司，皆在日本與東南亞各國持續推動運用NEM區塊鏈技術的解決方案。相信NEM技術的功能經過日新月異的洗鍊後，不論在私有區塊鏈或是公開區塊鏈領域皆可昇華到次世代的新境界。

監修者／作者一覽（依執筆順序）

■馬渕 邦美

Fleishman Hillard Japan資深副總裁。離開Sapient公司後，於1998年設立Interactive Agency（股）DOE，並擔任董事長一職。與英國數位媒體代理商合資成立Profero，之後擔任Tribal DDB Tokyo總經理、Ogilvy One Japan/Neo@Ogilvy董事長。2016年起就任目前職務，現擔任多間企業顧問。監修《從數據科學學習「分析力」，從大數據抓住商業機會》（暫譯）（日經BP社）。

■野口 悠紀雄

早稻田大學金融綜合研究所顧問、一橋大學名譽教授。1940年出生於東京，東京大學畢業後，於1964年進入大藏省（現為財務省）。1972年於耶魯大學取得經濟學博士。目前為一橋大學教授、東京大學教授（先端經濟工程研究中心長）、史丹佛大學客座教授等。著有多本金融理論、日本經濟論相關著作，此外，也在「超級整理法」系列中解說關於資訊、工作、時間等運用管理方法，非常受到歡迎。

■山崎 大輔

bitbank股份有限公司BTCN總編輯。1990年出生，從學生時期開始即於bitbank股份有限公司所經營的新聞媒體BTCN擔任總編輯，聚焦在將比特幣技術所編織出的未知可能性，以及周邊所發生的故事用日語正確傳遞出多樣化的新聞，範疇涵蓋與比特幣相關之金融、法律、技術、投資等。在BTCN之前，曾以日本國產的加密貨幣──貓幣／萌奈幣（Monacoin）為主軸從事相關活動。目前經營一部落格，內容以針對分散式加密貨幣市場價值所撰寫之外國文獻研究為主。

■廣末 紀之

bitbank股份有限公司董事長兼CEO。東京都人，曾任職於野村證券、GMO Internet常務董事、Gala董事長等，具有豐富的IT企業經營管理經驗。2012年接觸到比特幣後，感受到其革命創新性，逐於2014年與有相同志向者共同創立了bitbank股份有限公司。設置日本第一台比特幣ATM，並且經營可進行比特幣期貨交易的交易所等，期望運用虛擬貨幣讓社會變得更美好，鎮日努力奮鬥中。

■大石 哲之

比特幣&區塊鏈研究所代表、部落客、社團法人日本數位貨幣協會理事、社團法人日本區塊鏈協會顧問。從事日本比特幣育成、新創生態圈（Startup Ecosystem）推動、與全世界比特幣業界搭橋為目的之相關活動。主持比特幣與區塊鏈研究所，發表希望可以讓入門者理解的技術動向等報告。慶應義塾大學畢業後，歷經創辦策略Consulting Farm、Net Venture、著作活動等，始擔任現職。

■芝 章浩

西村Asahi法律事務所律師。東京大學畢業、研究所肄業後，2007年9月進入西村Asahi法律事務所。2011年10月至2014年6月出任至金融廳，從事金融法規制度相關之企劃、提案業務，為金融法規制度、結構性金融產品以及資產管理專家，並具有包含比特幣等區塊鏈相關業務、各種金融科技相關商品、服務開發之知識及經驗。著有《各國以及日本對於加密貨幣之法規制度最新動向》（暫譯）（周刊金融財政事情3123號）（共同著作）等多本著作。

25

■喬納森·安德伍（Jonathan Underwood）

bitbank股份有限公司技術顧問，美國人。自2012年起即以Bitcoin Core為首，開發開放原始碼之比特幣電子錢包、建立BIP。另外還從事將Copay等電子錢包多語言化、製作BIP39的簡字碼日文版等工作，同時發現許多電子錢包不適用於BIP39，因此修正相關函式庫，並向各個開發者報告，以及在日本國內以工程師為對象召開比特幣技術讀書會等。研究重點放在橢圓曲線密碼與零知識證明。

■朝山 貴生

Tech Bureau股份有限公司董事長兼CEO。出生於1975年，1996年於關西學院大學就學時期，就以網路廣告創業。1997年赴美擔任實習生，隔年回國大學畢業後，隨即在矽谷設立法人，對日本提供與歐美銀行簽訂契約、無須經過審查的信用卡結算支付方法。回國後經營社群廣告等服務。2014年創立比特幣交易所「Zaif」、2015年創立區塊鏈建構平台「Mijin」，2016年成功適用於銀行結帳服務。現為日本經產省區塊鏈檢討會委員、區塊鏈推廣協會BCCC副理事長。

■齊藤 賢爾

慶應義塾大學SFC研究所訪問研究員、關東學院大學人類環境學部約聘講師、一般社團法人Academy Camp代表理事。1964年出生於京都市，「網路與社會」研究員，曾任職於日立Soft等公司。2000年起任教於慶應義塾大學湘南藤澤校區（SFC），2006年以P2P電子貨幣之研究開發於慶應義塾大學取得博士學位（政策／媒體）。並於該校研究所擔任政策／媒體研究科特聘講師、文教大學資訊學部約聘講師、Orb股份有限公司首席科學家、2016年經產省區塊鏈檢討會委員等。著有《不可思議的國度NEO──改變未來的金錢話題》（暫譯）、《改變未來的貨幣──比特幣改革論》（暫譯）等。

■後藤Atsushi

具有多年於大型金融機構從事市場風險管理、信用風險管理、流動性風險管理、因應BIS（Bank for International Settlements）規則制度等經驗。初期即察覺比特幣以及其技術——區塊鏈方面將會與金融創新有所關聯，而開始進行調查、研究，主要針對金融面之狀況，向相關業者、團體提供建議，並且製作成各種記事與資料類報告，投稿於比特幣新聞BTCN等媒體。

■杉井 靖典

自商用網路初創期開始，即從事範圍廣泛之相關業務。求學時期便於許多間公司從事網路媒體、數位內容、EC事業等企劃開發工作。2007年以後設立多間公司，目標成為流通、結算支付類平台的連續創業家（Serial Entrepreneur）。

・Currency Port股份有限公司（2015年設立）董事長兼CEO。
・經濟產業省區塊鏈檢討會委員（2016年）。
・日本銀行第17屆結算支付系統平台講者（2016年）。
・區塊鏈推動協會（BCCC）副理事長（2016年）。

■栗元 憲一

Nayuta股份有限公司董事長。1969年出生於福岡市，1992年畢業於京都大學工學部，成為工程師。約有15年的時間投入於創投企業與大型製造商進行SoC（System on Chip）開發。2011年起從事智慧型手機與硬體組裝的解決方案開發。獲選為2011 Google Developer Day的Developer Sandbox。2015年以IoTíIoM為主軸，設立Nayuta股份有限公司。2016年為經產省區塊鏈檢討會委員。著有《從FPGA Kit開始的硬體&軟體整體設計》（暫譯）。

■東 晃慈

IndieSquare股份有限公司共同創辦人、Koinup合同公司代表。1988年出生於茨城縣。以IndieSquare之名活躍於利用交易對手風險（Counterparty）這種協定上的獨立貨幣令牌經濟中。提供世界第一個Mobile Counterparty Wallet（行動式交易對手錢包），將令牌應用於線上遊戲寶物等的創新領域。2014年9月起專注於比特幣相關業務、活動等，藉由類似傳教士的方式，利用部落格等提供比特幣及區塊鏈相關資訊，特別是針對區塊鏈技術在貨幣以外之應用，目前研究重點為區塊鏈2.0領域。

■佐藤 智陽

Smart Contract Japan股份有限公司創辦人。1993年出生於東京都，於早稻田大學在學時期即設立Islamap股份有限公司，提供伊斯蘭教徒地圖App。在摸索伊斯蘭金融收益化過程中得知Bitcoin，確信區塊鏈的技術及其背後的分散式思想將會成為今後的社會基石。2015年起為了推動區塊鏈普及化，成立Smart Contract Japan，每週舉辦讀書會，2016年股票上市企業化，目前讀書會仍持續舉辦，並以以太坊為主進行相關顧問業務。

■王倫（Lon Wang）

於澳大利亞新南威爾斯大學取得電子工程學士，新加坡企業Dragonfly Fintech創辦人、執行長。從事技術顧問、軟體開發、ISP業務等，具有30年以上的經營管理經驗。此外，亦對自閉症光譜治療機構之創設等工作有所貢獻。隸屬於開放原始碼之區塊鏈計畫「NEM」策略團隊，提供將該技術運用於金融領域之結算支付服務，目前正在申請專利。現為區塊鏈推動協會BCCC顧問。

■ 林士彬　※譯者（負責「5-2 NEM——區塊鏈技術的新典範」原稿的日文翻譯工作）

1975年出生。目前為東京士林翻譯服務公司（http://is.shihp.in）首席翻譯員。自Mt. Gox事件後即鎮日追尋比特幣與區塊鏈技術，並且已於比特幣媒體提出100筆以上的翻譯報導，紀錄輝煌。沒有固定的辦公室，經常於咖啡廳等處進行翻譯工作，每年會有2次前往台灣或是美國等海外地區進行翻譯工作，屬於遊牧型的譯者。

bitbank, Inc. & "THE IMPACT OF THE BLOCKCHAIN" editorial committee 2016, editorial content supervised by Kuniyoshi Mabuchi

博雅文庫 183

RM36

區塊鏈的衝擊：從比特幣、金融科技到物聯網顛覆社會結構的破壞性創新技術
ブロックチェーンの衝撃

作　　者　bitbank股份有限公司、《區塊鏈的衝擊》編輯委員會
譯　　者　張 萍
發 行 人　楊榮川
總 經 理　楊士清
總 編 輯　楊秀麗
主　　編　高至廷
責任編輯　許子萱、金明芬
封面設計　智酷設計
出 版 者　五南圖書出版股份有限公司
地　　址　106台北市大安區和平東路二段339號4樓
電　　話　(02)2705-5066
傳　　真　(02)2706-6100
劃撥帳號　01068953
戶　　名　五南圖書出版股份有限公司
網　　址　http://www.wunan.com.tw
電子郵件　wunan@wunan.com.tw
法律顧問　林勝安律師事務所　林勝安律師
出版日期　2017年8月初版一刷
　　　　　2020年6月初版四刷
定　　價　新臺幣420元

國家圖書館出版品預行編目資料

區塊鏈的衝擊 ／ bitbank股份有限公司, <<區
塊鏈的衝擊>>編輯委員會著；張萍譯. — 初
版. — 臺北市：五南, 2017.08
　面；　公分
譯自：The impact of the blockchain : blockchain-
disruptive technology to change the global economy
　ISBN 978-957-11-9239-0（平裝）

1.電子貨幣　2.金融自動化

563.146　　　　　　　　　　　　106009955